Dedicación

*P*ara aquellos que nos ayudaron
con sus oraciones a crecer
en momentos de pruebas.

Para los padres que se enfrentan
a los sorprendentes cambios en las vidas
de sus hijos.

Para el Hogar Cristiano Salem y su personal,
por su constante cuidado y contribución
al crecimiento de nuestro hijo
Matthew.

CONTENIDO

Dedicación 3
1. La historia de Matthew 7
2. El hijo extraviado 25
3. La ida al hogar 51
4. Manejando las noticias de la pérdida . . 69
5. Cuando un niño muere 89
6. Pérdidas especiales 115
7. Su matrimonio y los otros hijos 135
8. Familias que lo logran 155
9. Los padres y su aflicción 173
10. ¿Qué le digo a los demás? 191
11. ¿Por qué a mí? 205
    Notas 225

1
La historia de Matthew

Este libro habla extensamente sobre una persona que Dios escogió usar en forma muy diferente. Y esta persona nunca supo cómo ni cuánto su vida afectó a otros.

Su impacto no fue producto tanto de lo que dijo, porque eso estaba muy limitado. No fue tanto lo que él hizo tampoco, porque eso también estaba muy limitado. En realidad, esa es la palabra que mejor lo describe, —*limitado*— pero solamente en las formas que nosotros pensamos que son las más significativas. Su llamado fue el de enseñar y refinar a aquellos que le rodeaban, y eso él lo hizo, aunque él no estuviese consciente de ello, porque sus limitaciones se lo impedían.

Este libro, especialmente desde un punto de vista emocional, trata sobre nuestro hijo Matthew.

Sus limitaciones fueron las que en realidad lo hicieron tan efectivo. Si él hubiera sido lo que el mundo llama un ser normal, nuestras vidas como padres hubieran sido menos dolorosas pero mucho más comunes. Dios lo usó para hacer de las verdades de la Escritura, algo más vivo, más real, más relevante. El lo usó para enseñarnos a reevaluar nuestros valores, a modificar nuestras expectaciones, à apreciar aspectos de la vida que se dan por supuestos, llegar a ser más humanos y aprender a crecer más dependientes de Dios. Quizás lo que hemos aprendido con Matthew (y su hermana, Sheryl) pueda ser de ayuda para usted.

¿Se habrá alguna vez preguntado, cuando está atravesando alguna experiencia, por qué está sucediendo y qué aprenderá de esto? ¿Y entonces años después usted descubre la razón? Bueno, eso nos sucedió a nosotros.

Después de mi graduación de *Westmont College* en 1959, nos casamos, y yo entré al Seminario de Fuller por dos años. Antes de graduarme del Seminario, tuve que escribir una tesis para mi maestría. Yo no sabía nada sobre escribir tesis y no tenía ni la menor idea sobre qué escribir. Una de las reglas tradicionales de Fuller decía: "Usted nunca deberá entrar a la oficina del profesor y anunciar que no sabe sobre qué escribir su tesis, porque tal profesor le asignará un tópico sobre el cual nadie nunca antes ha escrito".

¡Bueno, lo imaginó! Yo violé esa regla, y recuerdo al doctor Price diciéndome: "Norm, no se preocupe sobre eso. Me gustaría que escribieses la tesis sobre la educación cristiana de los niños con retardo mental". Por supuesto que yo no sabía nada sobre el tema.

Pronto aprendí. Visité colegios, iglesias, y hogares, y leí y leí. Escribí la tesis, Joyce la mecanografió, y la entregué. El profesor me la devolvió para que la elaborara más, la escribí de nuevo, y Joyce la mecanografió. Finalmente fue aceptada y me gradué.

Después de la graduación, me uní al equipo de una iglesia e inmediatamente entré en otro programa pos graduado deseando alcanzar una maestría en psicología clínica. Cuatro años más tarde, para poderme graduar, necesitaba pasar varios cientos de horas haciendo un internado de psicología escolar. Cuando entré a la oficina del distrito escolar, se me asignó la tarea de examinar y buscar el lugar de clases, a los estudiantes retardados. Luego la iglesia supo de mi experiencia con el distrito escolar y decidieron desarrollar un ministerio para niños retardados y sus padres. Se me dio el trabajo de seleccionar y entrenar las maestras y desarrollar el curso de estudio.

Un día Joyce y yo tuvimos una de las conversaciones más cortas de nuestra vida de casados. Duró menos de 30 segundos, y no podemos recordar quién fue el que dijo: "¿No es interesante que hayamos sido tan expuesto a niños mentalmente retardados y que hayamos aprendido tanto de ellos? ¿Podría ser que Dios nos está preparando para algo que va a ocurrir más adelante?"

Eso fue todo lo que dijimos. Dentro de ese año, nuestro segundo hijo nació, un varón gordito y saludable al que llamamos Matthew. A través de este libro, a menos que se diga lo contrario, la primera persona en singular se refiere ("Yo hice esto", "Yo escuché esto") a Norm. Sin embargo el resto de este capítulo será la historia de Joyce sobre lo que sucedió con Matthew.

Aquí hay algo que anda muy mal

A medida que las semanas pasaron, Matthew parecía muy tranquilo y saludable. Pero cerca de los cinco meses, yo noté su falta de respuestas. El lucía excesivamente soñoliento, y su musculatura era pobre. Sus ojos no me seguían o rodaba con nosotros, y cuando busqué su primera sonrisa, no la hallé. Le pregunté a Norm si él había notado estas cosas. El me dijo que no, pero entonces comenzó a vigilarlo y me confirmó lo que ya yo estaba viendo. Ambos sentíamos que Matthew estaba bien, sin embargo, *él es un poco lento para empezar,* pensamos. *El se pondrá al día con el tiempo.* Al menos eso es lo que nos dijimos a nosotros mismos. Sin embargo, a medida que continué observando a Matthew, mis perturbadoras dudas crecieron, y mis temores muy pronto me sobrecogieron. Entendí que algo estaba mal, pero no sabía qué.

Me puse de rodillas y le dije al Señor sobre mis temores. Le pregunté: ¿"Si había algo seriamente malo con mi bebé?"

Yo *sabía por instinto que Dios era el único que podía darme la confianza, consuelo, y fortaleza que necesitaba.*

Yo sabía instintivamente que Dios era el Unico que podía darme la confianza, consuelo y fortaleza que necesitaba. El podía entender mis temores. Nadie más podía darme confianza (y yo añoraba esa confianza) porque el problema no estaba definido.

Aunque el Señor me dio Su paz a medida que oraba, yo sabía en mi corazón que el problema con Matthew *era muy real*. Con mi mente perturbada, le dije a Dios que yo no podría criar a este hijo sin Su fuerza y guía, cada hora, de cada día.

Y así comencé a caminar por una senda especial durante veintidós años como mamá, aprendiendo a confiar en el Señor como nunca antes. Un pasaje que se convirtió en algo muy especial para mí fue Isaías 43:2-5:

"Cuando pases por las aguas, yo estaré contigo; y si por los ríos, no te anegarán. Cuando pases por el fuego, no te quemarás, ni la llama arderá en ti. Porque yo Jehová, Dios tuyo, el Santo de Israel, soy tu Salvador; ... Porque a mis ojos fuiste de gran estima, fuiste honorable, y yo te amé; ... No temas, porque yo estoy contigo".

Yo experimenté muchas altas y bajas emocionales, pero en mi alma, sabía que podía confiar en Dios. Aún cuando estaba viviendo un tiempo intensamente dudoso, El sabía lo que estaba ocurriendo. Tenía que confiar en ese hecho; era mi cuerda de salvavidas. Poco tiempo después Norm y yo nos fuimos a una conferencia. Habíamos dejado a Matthew con mi mamá. Mientras estuvimos ausentes, él tuvo algún tipo de convulsión y rigidez en sus brazos. Más y más recibíamos la confirmación de que teníamos un problema grande.

Matthew tenía nueve meses cuando vi su primera convulsión grande y grave. Todo su cuerpo se puso rígido, sus brazos y piernas se convulsionaban sin control, y sus ojos se iban en blanco hacia atrás. ¡El ver una convulsión en tu hijo por primera vez, es aterrador! Estábamos afuera con un vecino, y no tenía idea de qué hacer. Lo único que se me ocurrió hacer fue el orar con mis ojos abiertos, en el nombre de Jesús, mientras mecía a Matthew en mis brazos. Me sentí, *totalmente desamparada*. Nunca podré olvidarme de ese día, aunque lo he deseado hacer a menudo. Finalmente la convulsión cesó, y le di gracias a Dios de que había pasado.

Norm estaba ausente, estaba en el Campamento de Varones, Green Oaks, entrenando a los consejeros. Cuando regresó a la casa en respuesta a mi llamada de emergencia, le reproché diciendo" "¿Por qué no estabas aquí, conmigo? ¿Por qué no estabas aquí cuando te necesitamos?" El me miró confundido y vulnerable. Podía darme cuenta que mi pregunta no tenía lógica, porque la convulsión duró solamente unos minutos. Desde ese momento en adelante, yo entendí que cuando una convulsión sucedía, yo no estaba sola. Estábamos el Señor, Matthew y yo.

Gradualmente, mi confianza y fe fueron creciendo a medida que nosotros tres íbamos superando cada episodio. En el pasado, yo había sido una esposa muy dependiente, así que tenía que aprender a ser más independiente cuando Norm estaba ocupado o de viaje en su ministerio. El Señor obviamente estaba perfeccionándome para hacer de mí la esposa y madre que El deseaba que fuese.

Matthew tuvo más convulsiones, así que lo pusimos bajo el cuidado de un neurólogo del Centro Médico de UCLA. Luego de pruebas extensas, el doctor nos dijo: "Por alguna razón, algo sucedió con el desarrollo del cerebro de Matthew, y esa es la causa por la retardación severa que él sufre. Luego al nacer, más daño al cerebro ocurrió de alguna forma, que es la causa de las convulsiones. La mente de Matthew puede llegar a desarrollarse, algún día, dentro de dos años, pero por otro lado, quizás no lo logre".

Ahí estaba. El diagnóstico era definitivo, una confirmación de nuestros temores peores. Fuimos enviados a la casa con la noticia. Aunque no estábamos sorprendidos, sí estábamos fulminados. Nuestro precioso hijo era tan dulce, tan maravilloso en tantas formas, y sin embargo, nuestras esperanzas y sueños para él ahora estaban arruinados. Unas pocas palabras del doctor habían desbaratado esos sueños, y nada los podrían arreglar de nuevo.

En los meses y años que siguieron, tuvimos que hacer numerosos ajustes, más de los que nos hubiéramos podido imaginar. Por ejemplo, tuvimos que ser más cuidadosos con Matthew de lo que habíamos sido con su hermana. Estábamos constantemente vigilando las convulsiones. Tuvimos menos probabilidad de tener una niñera disponible, y tuvimos que ser muy selectivos cuando escogíamos una. Por causa de su incapacidad, cuando Matthew alcanzó la edad preescolar, él no podía asistir a clases regulares. Y aún entonces, él estaba enfermo la mayoría del tiempo y otras veces tan cansado que no pudo beneficiarse mucho de sus clases especiales. También teníamos que explicarle a otros el por qué, él no respondía como los otros niños. (Cuando Matthew era un bebé y de edad preescolar, sus incapacidades no se notaban inmediatamente. Pero si te quedabas alrededor de él por un tiempo, su falta de atención se hacía evidente.) También a través de los años, tuvimos que efectuar el proceso para obtener fondos del estado, para su entrenamiento, y luego hablar por él cada vez que el estado decidía cortar los fondos designados al desarrollo mental de las personas mentalmente incapacitadas.

Nuestra iglesia, tampoco tenía facilidades para un niño como Matthew. El también tuvo que ser cargado por años. Consecuentemente, donde quiera que le llevábamos, teníamos que llevar también mucho equipo adicional.

A medida que pasaron los años, la faena diaria llegó a extenuarme. Por causa de todas las razones mencionadas anteriormente, estaba exhausta, desanimada y aislada en mi casa la mayor parte del tiempo. Me sobraba poca energía para salir a socializar o aun para descansar. Me preguntaba si mi lista interminable de obligaciones era realmente importante. Toda mi atención estaba en el cuidado diario de Matthew, Sheryl y Norm.

En ocasiones cuando estaba desanimada, El Señor me ministró mientras escuchaba los himnos antiguos, sus palabras familiares que edificaban mi fe. Ese era el momento cuando podía dejar que mis lágrimas rodarán. Lo necesitaba, ya que trataba de mantener mi compostura la mayor parte del tiempo por el bien de la familia. Cuando supe que podía cantar los himnos y sentirlos, mi día se iluminó grandemente. Me ayuda el mirar hacia atrás y recordar la fidelidad de Dios y por las cosas significativas que nos ayudó a pasar. Matthew tenía muchas enfermedades y con frecuencia fiebres de alta temperatura y convulsiones, pero entonces sucedía que mis oraciones eran maravillosamente contestadas.

Nosotros desarrollamos un nuevo sentido de agradecimiento por cualquier mejoría que notásemos, por pequeña que fuera. Le tomó a Matthew más de dos años el poder llegar a alcanzar un objeto. En vez de tomarlo como algo normal, como lo hicimos con Sheryl, nosotros alabamos a Dios por ello. Era un paso hacia la dirección correcta.

Oramos por más de tres años por Matthew para que caminase. Le había visto dar algunos pasos bamboleantes en el colegio de desarrollo donde le trataban de enseñar a caminar. Una noche, estábamos todos sentados en la sala, y Matthew se levantó, dio cuatro pasos y se cayó. Norm y yo dijimos algo profundo, como: "¿No es maravilloso?" Pero mi hija de diez años dijo: "¿Por qué no nos detenemos ahora mismo y oramos a Dios, dándole gracias por contestar esta oración?" Así lo hicimos.

De muchas formas continuamos con nuestra vida. Nuestro tiempo de vacaciones era importante, así que en el verano cargábamos nuestro auto con la cuna portátil, coche, corral de niño, y todo lo demás y nos dirigimos hacia Montana para visitar a la familia del hermano de Norm, o ir al Parque

Nacional de Grand Teton, en Wyoming a pescar. Y cuando digo que nos quedamos en una pequeña y rústica cabaña en Wyomin, ¡realmente enfatizo que era pequeña y rústica! La primera no era más grande de 10 por 12 pies, y ese era el primer año que tenía electricidad. Los baños estaban en un lugar central, y cargábamos el agua de un arroyo cercano. Teníamos que mirar primero para estar seguros de que no habían alces parados en el agua. Fue entonces que descubrimos que Matthew era alérgico a las picadas de mosquito.

Las vacaciones eran una mezcla de disfrute, aislamiento y duro trabajo, pero estaban llenas de significados para todos nosotros. Sheryl dice que esos fueron los momentos que más disfrutó con Matthew. Pocos años después, Norm se dio cuenta que esos viajes no eran siempre unas vacaciones para mí, e hicimos algunos cambios. Eramos muy cuidadosos con las personas que contratábamos para cuidar a Matthew, pero el Señor proveyó una enfermera retirada, cristiana, que podía quedarse con Matthew por largo plazo mientras viajábamos al norte. ¡Qué gran diferencia hizo el poder salir de las responsabilidades diarias!

Por momentos experimentaba un cansancio abrumador. Algunas noches Matthew se sentaba y hablaba en jerigonza y daba alaridos, impidiéndome dormir bien. Al pasar los años, probamos varios medicamentos tratando de controlar sus convulsiones, y llegó a ser una lucha por mantener el balance de no tenerle sobremedicado o con poco medicamento. A menudo tuvimos que lidiar con efectos secundarios de los medicamentos. Los doctores me dijeron, que posiblemente yo mejor que nadie, podría decir el nivel de medicamento que sería mejor para Matthew, así que yo quedé responsable de experimentar y determinar el nivel necesario. En ocasiones esto me pareció una responsabilidad abrumadora.Un domingo, entré en una clase de Escuela Dominical y escuché a Norm enseñar.

El estaba hablando sobre la vida de Matthew, y cómo el Señor nos estaba perfeccionando con la presencia de este precioso hijo en nuestro hogar

El Señor estaba usando nuestras circunstancias para glorificar Su nombre. De eso se trataba todo.

A mí me resultó como si se abriese una puerta hacia un nuevo mundo de comprensión espiritual. El Señor estaba usando nuestras circunstancias para glorificar Su nombre. De eso se trataba todo. Fue tan importante para mí el saber que Dios estaba obrando Su propósito en nuestras vidas.

También nos hemos asombrado, con el paso de los años, por la forma tan tierna y profunda en que la historia de Matthew ha tocado a diferentes personas, aun cuando no le conocieron. Al ser padres de un hijo incapacitado, nos hemos visto forzados a aprender a caminar cada día por fe, y el atravesar ese proceso ha sido un verdadero testimonio de la gracia de Dios.

Matthew reflejaba una inocencia especial, junto con una forma dócil en su desenvolvimiento. El estaba contento y alegre en cualquier lugar. Después de nuestra hija tan activa, Sheryl, yo me deleité en cargar y consolar este niño tan dulce, que necesitaba tanto de mí. Era una alegría el hacer algunas de las cosas más básicas para él. Muchas personas oraron fielmente por él, y yo creo que Dios caminó con él. El tenía un espíritu tan dulce.

Dios proveyó principalmente a tres personas, para caminar a mi lado dándome fuerza y ánimo. La persona principal fue Norm. El estaba decidido a criar y amar a nuestro hijo incapacitado. Desde muy temprano supe que podía contar con él. El fue un proveedor celoso, alternando con muchos trabajos, en ocasiones trabajando demasiado, y aún estaba presente para animarme cuando dudaba o necesitaba un punto de vista más objetivo. El Señor me había encomendado una gran responsabilidad como la madre de Matthew, y Norm me apoyaba y me permitía conducirme bajo su cuidado. Norm era la cabeza de nuestro hogar en todas las áreas, especialmente con nuestra burbujeante Sheryl.

Norm también es fácil de amar y él llenó nuestro hogar con actitudes positivas. Con nuestro primer hijo, yo traté de ser una mamá más bien seria, y el sentido del humor de Norm, animaba mis perspectivas. Con dos hijos, aprendí a ver el humor en algunas de nuestras experiencias diarias con un hijo incapacitado. En ocasiones podíamos parecer un grupo algo tonto, aliviando de esa forma nuestras tensiones.

Uno de nuestros episodios graciosos, ¡fue algo bien frustrante en el momento! Matthew y yo nos quedamos en la casa un domingo, porque estábamos enfermos, y Norm y Sheryl aún no habían llegado. Yo hice lo que hacía frecuentemente: me encerré fuera de mi casa. (Ahora tengo llaves donde quiera.) Aún en mi bata de casa, me dirigí al garaje, con otra carga de pañales para lavar. Traté de entrar de regreso por la puerta, no abría. Miré por la ventana de la puerta, y mis llaves no estaban donde se suponía que estuviesen. Vi al perro; estaba lamiendo la cara de Matthew. ¡Y Matthew estaba vestido con sus pijamas de cremallera, mordiendo serenamente una barra de jabón!

¡Oh, no!, pensé, *Norm y Sheryl no regresarán en horas.* Así que busqué el destornillador, le quité el marco a la puerta de entrada del perro, y apenas me deslicé por la rendija. Si tuviese que tratar eso ahora, ¡no hay forma que cupiese por ella!

En otra ocasión, teníamos invitados a cenar, y yo había preparado un postre con arándano azul y crema. Matthew andaba cerca del tío de Norm, y como nadie lo estaba vigilando, él alcanzó el plato del postre y recogió la cubierta del mismo y lo puso en su boca. ¡En muchas ocasiones, fue más inteligente que el perro y el gato, y se comió sus comidas también!

En otra ocasión, el gato estaba durmiendo en el reclinable. Matthew fue y lo tomó por la cola apretándola como un torniquete. El gato inmediatamente revivió de su sueño, brincó de la silla, y corrió a toda velocidad atravesando la habitación. A Matthew se le olvidó soltarlo, y el gato literalmente lo arrastró a lo largo de la habitación. Su risa fue por toda la casa junto con su paseo libre.

La segunda persona que fue tan importante para mí, fue mi madre. Ella ha sido un ejemplo maravilloso, cada día confiando en Dios sostenida por las Escrituras, durante la lucha de su hijo con el cáncer y su muerte prematura. Yo era una esposa joven, espiritualmente inmadura, y no tenía experiencia con problemas profundos. Así que el observar a mi madre, hizo un gran impacto en mí. Vi a Dios transformar la vida rebelde de mi hermano, y aprendí a ver más allá de las circunstancias de la enfermedad y la muerte, hacia una victoria espiritual. Vi a mi madre sostenerse a pesar de momentos de dura prueba. Yo sabía que su forma, era la única forma que yo podría usar para enfrentar mi propio reto.

La tercera persona que Dios trajo a mi vida fue mi mejor amiga, Fran. Norm tiene muchos amigos, pero yo he tenido la tendencia de ser tímida y un poco solitaria. El estar casada con un esposo y ministro extrovertido, y estar la mayor parte del tiempo en la casa con un niño incapacitado, no me ayudó a crecer en esta área.

Fran ha sido mi mejor amiga desde la universidad. Durante los primeros años de Matthew, ella me llamaba cuando el Señor se lo ponía en su corazón. Aunque ella no tenía ningún hijo incapacitado, ella crecía en su sensibilidad de lo que me estaba sucediendo, y me dejaba vaciar mi alma. Yo puedo compartir cualquier cosa con ella, y ella me escucha con sensibilidad y me dice: "Ahora necesitamos orar". Entonces oramos por teléfono, una y la otra, hasta que nuestra lista de oración es acabada.

Cuando Matthew llegó a los ocho años, mi vida parecía estar en una crisis constante. El sufría frecuentes infecciones y fiebres altas que le mantenían fuera de su colegio especializado durante semanas. Norm trabajaba largas horas, y continuaba viajando en su ministerio. Todo eso me mantenía fuera de balance. Ya sea que Matthew se enfermara y necesitara un baño tibio en medio de la noche, o que Norm estuviese saliendo para un seminario. En mis momentos más honestos donde hablaba conmigo misma, me preguntaba cuánto más podría seguir esta rutina. Me estaba volviendo insensible a la vida alrededor mío, con muy poco interés o entusiasmo. Ambos, Norm y Sheryl, notaron la frustración en mi voz y empezaron a preocuparse.

Una decisión difícil

Un día me encontré con una amiga, en la farmacia de la localidad. Yo estaba allí buscando unos antibióticos para la última infección de Matthew. Ella había internado a su hijo en un hogar de incapacitados. Yo podía notar lo positivo que había sido para ella este paso. Estaba genuinamente contenta por ella, pero yo estaba segura que nunca haría eso con Matthew. Pensé que sus circunstancias eran muy diferentes. Su hijo era un muchacho hiperactivo, así que su casa era un frenesí todo el tiempo. Mi pequeño muchacho era dulce y dócil, y yo simplemente nunca lo haría. Pero la próxima vez que me la encontré, yo estaba de nuevo consiguiendo los antibióticos y estaba exhausta. Había estado despierta largas horas con Matthew, luchando contra la fiebre alta. Me preguntaba si habría alguna solución para nosotros. La miré, y ella parecía tan descansada, apacible, y contenta. ¿Cuál era la voluntad de Dios para Matthew?

Norm y yo nos comenzamos a preguntar: "¿Qué es lo mejor para él? ¿Qué es lo mejor para nosotros? ¿Podrá otra persona, ayudarlo a acostarse y dormir más durante la noche, comer mejor y aprender algunas habilidades diarias? ¿Podrá esa persona darle un mejor cuidado continuo, del que le damos nosotros?"

Este proceso de preguntas y búsqueda ocurrió durante un período de tres años mientras orábamos, buscábamos y esperábamos. Comenzamos a considerar la posibilidad de una pequeña facilidad residencial cristiana para Matthew. No lo pondríamos en una institución del estado. Eventualmente descubrimos el *Salem Christian Home* (Hogar Cristiano de Salem), que es administrado por la denominación Cristiana Reformada en Ontario, California. Llevamos a Matthew para una evaluación y el personal dijo, que él podría adaptarse a sus multifacilidades. Lo pondrían en una lista de espera, en la que podríamos esperar de uno a cinco años.

Mientras esperábamos, yo me sentía derrotada en cuanto al cuidado de Matthew. El no comía bien. Yo no podía lograr que se acostara y durmiera. El se sentaba y se ponía a reír sin motivo toda la noche, dejándonos a Norm y a mí exhaustos al próximo día. Nos sentíamos totalmente imposibilitados de cambiar la situación. Comencé a llamar al Hogar, buscando desesperadamente consejos prácticos, y pronto me di cuenta de que el personal del Hogar tenía conocimientos que funcionaban. Me di cuenta de que ellos podían cuidarlo mejor de lo que una mamá podría hacerlo en casa.

Un año más tarde, recibimos una llamada donde nos informaron que el Hogar podía recibir a Matthew. De pronto el momento había llegado. Hablamos de cómo el cambio nos afectaría. Habían tantos factores positivos por delante, pero también teníamos algunas preocupaciones: "¿Qué tal si nuestra identidad estaba basada mayormente en el cuidado de un niño impedido que dependía de nosotros? ¿Si él no era más parte de nuestra vida diaria, cómo nos sentiríamos sobre nosotros mismos?" Muchos padres, especialmente las mamás, luchamos con estos temas cuando sus hijos dejan el hogar. También nos preguntamos si Matthew nos olvidaría. Por causa de su limitada habilidad mental, esto era una posibilidad real.

Comenzamos a hacer preparativos para llevarlo, y luego nos tocó el primer desconcierto. Se enfermó de neumonía, y su partida se atrasó. Semanas después, ya él estaba bien, pero el fondo del estado no había llegado, y la partida se volvió a posponer. Una vez que los fondos fueron aprobados, y podíamos continuar, Matthew se enfermó con mononucleosis.

No solamente nos sentimos desanimados, sino que ahora comenzamos a preguntarnos si habíamos entendido mal a

Dios en su guianza. ¿Estábamos en lo cierto o no? Entonces, cuando Matthew se mejoró, el Hogar llamó y nos informó que teníamos que esperar de nuevo porque estaban en cuarentena por dos semanas. Nosotros realmente luchamos con lo que debiera ser lo recto por hacer. Nos sentíamos como si estuviésemos en una montaña rusa.

Finalmente, todo estaba listo. Empacamos y llevamos a Matthew al hogar, desempacamos sus cosas, y le dijimos adiós. No podríamos verlo durante el período de ajuste que tomaba seis semanas. Mientras manejábamos de regreso, ambos, Norm y yo, tuvimos un sentido de calma y paz, y comenzamos a sentirnos culpable por esto. ¿Qué estaba sucediendo con nosotros? ¡Acabábamos de ceder el cuidado de nuestro hijo a otras personas por el resto de nuestras vidas, y no nos molestó hacerlo ni sentimos que habíamos perdido algo! Y entonces nos dimos cuenta. Dios, en Su sabiduría, nos había permitido pasar por esos atrasos de varios meses, pudiendo así trabajar con nuestros sentimientos y ajustarnos, por adelantado. Y con los atrasos, en vez de Matthew haber comenzado en el invierno, cuando el frío es más fuerte, y es la temporada del flu, comenzó su internado en el verano, cuando él y los otros residentes tienen más oportunidad de estar bien. Había un propósito. Pudimos ver que Dios no solamente nos preparó para la llegada de Matthew, sino también para el tiempo en que lo cederíamos al cuidado de otras personas.

Después de instalar a Matthew en Salem, pude experimentar un increíble crecimiento en mi espíritu, por causa de estar relevada de las demandas de su cuidado físico. Dormí como nunca antes, me sentí bien, y miré alrededor de mi mundo con curiosidad y asombro. Norm, Sheryl y la familia de Fran, fueron muy buenos conmigo. Ellos sintieron que podría ser un tiempo duro. Ahora tuve la oportunidad, sin embargo, por causa de mi personalidad, de desarrollarme y florecer. Durante once años, parecía que hubiera tomado un desvío de la vida, para cargar una responsabilidad pesada, pero muy valiosa, y necesitaba volverme a orientar hacia la vida.

Muy pronto, comprobamos que Matthew estaba bien, ganando peso, y en el colegio, de forma más consistente. Cuando él nos visitó en casa, parecía más inteligente y alerta. La vida, obviamente, tenía más significado para él.
¡Aprendió tanto en Salem! Aprendió a subir escaleras, abrir una llave de agua, patalear en el agua de la piscina, y alimentarse él mismo. (¡Tres bocados de cinco, que llegaran a la boca, no está mal!) El no se olvidó de nosotros, y mantuvo su disposición bondadosa. Parecía que disfrutara la música, y de vez en cuando, se sentaba en el piano y golpeaba las teclas. Ocasionalmente, él echaba su cabeza hacia atrás, se reía y aplaudía con las manos.

Uno de los regalos más preciados de Matthew, fue cuando aprendió a abrazar.

A medida que Matthew creció, raramente lloró. Pero cuando lo hacía, su sentido de impotencia nos partía el corazón.
Traíamos a Matthew a la casa al menos una vez al mes. Esperábamos con gran deseo su visita y siempre deseábamos que se sintiese bien y alerta. En muchas ocasiones, Norm manejó solo el viaje a Salem y trajo a Matthew a la casa, y eso nos ayudaba. El le hablaba a Matthew en el camino y trataba de mantenerlo despierto, ya que tenía la tendencia de quedarse dormido en el auto. Algunas veces yo iba al auto a recibirlos, pero en otras ocasiones Norm le abría la puerta, y Matthew entraba caminando hasta la sala y se sentaba cómodamente en la silla grande. Entonces yo entraba, y actuaba sorprendida, y corría a abrazarlo. De vez en cuando parecía que me reconocía y se sonreía, pero en otras ocasiones su respuesta era leve.
Matthew parecía sentirse cómodo y apacible ya fuera con nosotros en nuestra casa o en Salem. Cada vez que lo regresábamos a Salem, él estaba contento y satisfecho. Afortunadamente,

nunca lloró por no querer quedarse allí, eso nos hubiera hecho mucho daño.

Uno de los regalos mas preciados de Matthew, fue cuando aprendió a abrazar. Por quince años, nunca recibimos ninguna respuesta de él cuando lo abrazábamos. Nos dimos cuenta de su limitación porque su desarrollo mental nunca pareció progresar más allá del nivel de dieciocho meses. Pero algo pasó, y en ocasiones cuando lo abrazábamos, quizás dos o tres veces al año, sentíamos sus manos alrededor de nosotros, devolviéndonos el abrazo. A veces cuando le mirábamos, abríamos las manos y decíamos: "Matthew, abrazo", entonces él venía a nosotros con sus brazos abiertos como respuesta. Usted no puede imaginarse, ¡cómo valorábamos esas respuestas! Qué triste es, que la mayoría de las personas tienden a no apreciar estas caricias de amor.

Nosotros teníamos una respuesta llena de gozo, y agradecimiento para todo lo positivo que pasaba en la vida de Matthew, y nos asegurábamos de compartirlo con otros para que Dios fuera glorificado. Las respuestas a nuestras oraciones nos confirmaban que el Señor estaba bendiciendo su instalación en Salem. En ocasiones cuando Matthew estaba enfermo o tenía problemas, una corriente de sentimientos maternales salían a la superficie, y algunos de los antiguos sentimientos de preocupación e impotencia regresaban. El mantenerme en comunicación por teléfono, con el equipo de enfermeras, me ayudó, y ellos cooperaban conmigo de buena gana.

Como madre, aún tenía mis responsabilidades, y con buena energía y gran gozo escogía la ropa nueva de Matthew, iba a las reuniones del colegio y el Hogar, y planeaba las visitas a la casa. En ocasiones era difícil regresar a su mundo. Sus necesidades eran tan básicas y sus respuestas tan limitadas. Pudimos ver la enormidad de sus incapacidades de forma más objetiva.

El hablarme a mí misma fue algo importante después de instalar a Matthew, porque hubo momentos difíciles. Yo me decía a mí misma, *He hecho lo mejor que he podido durante estos once años,* y con gran agradecimiento reconozco que la fortaleza del Señor me ha sostenido. *Y ahora, el Señor nos ha dirigido a instalarlo en Salem, y es tiempo para que otros provean sus necesidades.* Me ayudó el recordarme a mí misma esas cosas. En ocasiones también tenía que recordarme a mí misma, que una empleomanía mayor podría hacer más de lo que yo nunca pudiera llegar a hacer. Tuve que ajustarme a la realidad de que su cuidado no iba a ser igual que el de la casa, y de buscar las señales de mejoría, y considerar la situación en general. A menudo comenzaba mi día diciendo: "Gracias, Señor, por el buen cuidado que has provisto para Matthew en el día de hoy".

Aun cuando yo sentía un deseo profundo de estar con Matthew, sentía también un sentido de descanso pues no tenía que tratar de proveer todos sus cuidados físicos. Pero hubo ocasiones cuando yo vi un niño incapacitado con su mamá en la tienda y experimenté sentimientos sobrecogedores de pérdida y culpa. Entonces, dándome cuenta de que no podíamos ir juntos de compra, dada la magnitud de la incapacidad de Matthew, admitía, *Sí, yo quisiera que estuviéramos juntos, pero estoy agradecida a Dios que ha provisto.* Cuando le dije a Norm sobre esta mezcla de sentimientos, él me apoyó y aseguró que era perfectamente normal y estaba bien.

Hemos aprendido tanto a través de los años. Quizás algo de esto puede ser resumido en esta declaración escrita años atrás por un hermano en Cristo:

> Los retardados son la señal de que todos los hombres tienen significado más allá de lo que puedan ser o hacer por nosotros. El ver honestamente al retardado, es el recordarnos de que no podemos ganar significado a nuestras vidas, es un don de Dios. Cristo hizo posible que nosotros pudiéramos amar a nuestros hermanos retardados en una forma radicalmente diferente de ese amor posesivo que nos lleva a necesitar y ser necesitados. El amar al débil en Cristo es el atreverse a ser libre, y atreverse a ser libre de depender

de sus necesidades. Dios desea que nos veamos los unos a los otros como significativos solamente a medida que existimos en El. Somos cada uno un regalo de Dios para el otro.[1]

Muchas formas de dificultades

Ahora usted sabe mucho más sobre Matthew y nuestras experiencias con él, y quizás pueda entender mejor el por qué nos preocupamos tanto sobre los padres que sufren. El tener un hijo incapacitado es solamente una forma de pérdida o contratiempo que viene porque nuestros hijos no pueden o escogen no vivir a la altura de nuestras expectaciones. En este libro, deseamos explorar el impacto de todas esas pérdidas nuestras como padres individuales, en nuestros matrimonios y en los otros hijos de la familia. En el próximo capítulo, por ejemplo, podremos considerar al hijo que se extravía de los valores de sus padres.

Nuestra oración y la razón por la cual revivimos nuestro dolor al escribir este libro, es el que usted pueda ver su propia situación en estas páginas, extraiga consuelo del saber que compartimos su dolor, y encuentre sabiduría para la batalla que le ayudará en medio de sus pruebas. Al final, siempre puede terminar siendo más fuerte, con nuestras experiencias. Esto quiere decir, aprender a extraer de la fuerza y amor del Señor, y más importante aun, deseamos que llegue a estar más cerca de El.

2

El hijo extraviado

Otro tipo de pérdida y dolor puede también hacer pedazos su vida como padre. Usted sabe que le sucede a otras familias, pero no espera que invada la suya. Al menos espera que no suceda, y resulta una gran conmoción cuando ese hijo para el cual guardaba tantas ilusiones, le vira la espalda a sus valores, sus enseñanzas y al Señor.

A menudo comienza con una llamada telefónica. Usted toma el teléfono, y la persona que llama se identifica y comienza a decirle algo sobre su hijo o hija que simplemente usted no puede creer. La persona puede ser un oficial de la policía, un maestro, un pastor, un amigo o un reportero del periódico. O quizás su hijo o hija puede que le llame directamente y le diga de su situación en persona. Muy a menudo, las palabras causan conmoción, incredulidad y desánimo. Algunas de las últimas palabras que un padre desea oír, pueden ser dichas:

"Mami, soy homosexual".
"Mami, estoy en cinta".
"Papi, estoy viviendo con mi amiga".
"Papi, fui apresado por vender cocaína".
"Me estoy mudando de la casa".

"Estoy dejando el colegio. Es una pérdida de tiempo, y no me voy a graduar de todas formas".
"Estoy en el hospital. Traté de quitarme la vida".
"Estoy en el hospital. Tuve un aborto y tengo un problema".
"Tengo SIDA".
Palabras como estas conmueven el mismo fundamento de un hogar y una familia. Todo aquello por lo que ha trabajado, orado, y sacrificado se ha derrumbado.
Usted es un padre herido. Buddy Scott describe muy bien el por qué está herido:

Usted está herido...
- porque el hijo que usted ama se ha convertido en una persona autodestructiva.
- porque su hijo ha tomado la postura de un desafío grotesco en su contra.
- porque su gran contribución a las vidas de sus hijos, no son apreciadas por ellos.

Usted está herido...
- porque se siente que ha fracasado como padre.
- porque usted está siendo atormentado por sus pensamientos: *Si tan sólo hubiéramos hecho esto, o no hubiéramos hecho aquello.*
- porque otros padres —algunos con niños menores o algunos tan afortunados que no han tenido problemas severos con sus adolescentes—, lo miran a usted como un fracasado.
- porque usted está frustrado de estar cayéndole atrás a sus hijos, limpiando sus regueros.
- porque tiene que mezclarse con personas en el trabajo, en las funciones de la comunidad, o en la iglesia, que conocen los problemas de sus hijos.
- porque se pregunta si debiera de abandonar sus posiciones en la iglesia o en la comunidad.

Usted está herido...
- porque no sabe con seguridad cómo ayudar a sus hijos.
- porque usted no sabe qué hacer ni qué pensar.[1]

Las muchas experiencias divertidas con nuestros hijos, produce una reserva de recuerdos agradables. A menudo reflexiono en ellas, como posiblemente usted también lo haga. ¿Se acuerda de aquellos primeros días de clases en el colegio, cuando su hijo vino corriendo a la casa para compartir sus emocionantes descubrimientos? Yo me acuerdo. También recuerdo estar viendo a mi hija de cinco años, preparar su propia carnada con una anchova viva en un barco de pesca profunda, tirar la carnada al agua, y recoger su pesca, ella sola. Ese viaje, resultó ser el comienzo hacia otras experiencias de barcos y excursiones, con ella, a través de los estados de Montana y Wyoming.

Pienso tambien en su último recital de piano cuando estaba en la escuela superior. Ella me convenció de tocar a dúo con ella, su último número. Supuestamente era un recital muy serio, pero pronto destruimos esa imagen. A medida que tocábamos, la pieza musical se resbaló del piano a nuestras faldas, y no pudimos parar de reírnos hasta que terminamos de tocar. Me alegro de que eso haya sucedido, porque el evento está más vivo en mi memoria que si hubiese sido de otra forma.

También recuerdo estar escuchando a Sheryl contarnos cómo ella había invitado a Jesucristo en su vida y el gozo que yo experimenté en aquel momento. Quizás usted haya tenido esa experiencia con su hijo.

Usted se siente destrozado cuando los sueños que ha tenido para sus hijos son destruidos. Desea lo mejor para ellos. Usted desea que ellos estén bien ajustados y contentos. Tiene esperanza para sus ocupaciones, sus esposos/as, sus hijos, sus logros y sus vidas cristianas.

Pero en ocasiones los sueños tienen una dimensión extra para ellos. Usted invierte tan profundamente en ellos, porque en ocasiones ellos representan sus sueños no realizados o determinadas expectaciones. Yo he conversado con un gran número de padres que están viviendo sus vidas a través de sus hijos. Lo que ellos no pudieron experimentar o lograr, sería logrado a través de sus hijos. No había la menor duda de que no iba a suceder; estaba establecido en concreto, al menos en la mente de los padres.

He conversado con un gran número de padres que estaban viviendo sus vidas a través de sus hijos.

Sin embargo, esto es una forma peligrosa de tratar las cosas. ¿Qué sucede cuando el libre albedrío y deseos personales de su hijo interviene y le pasa por encima a sus deseos? Esto puede suceder en sus deseos de no seguir las "Pequeñas Ligas", el balompié, ó las lecciones de piano, como también en decisiones de temas mayores moralmente, que contradicen todo aquello que usted ha tratado de infundir durante años. Cuando sus sueños, planes, metas y deseos son rechazados, usted termina sintiéndose herido.

Un escritor tuvo una perspectiva reveladora sobre este tema. El dijo:

> Muchos padres ven a sus hijos como una extensión de ellos mismos, o como su posesión, o como el logro de la vida que ellos no consiguieron. Todas estas son actitudes potencialmente destructivas hacia la crianza de sus hijos. Todas estas "creencias" hacen a los niños "pequeños ídolos" de una forma u otra. Los "idolatrizamos". Los reverenciamos a ellos y a sus logros. Lo tenemos que hacer, porque hemos invertido tanto de nosotros mismos en ellos. Tal idolatría, creada por una pena no resuelta, no solamente bloquea la aflicción, sino

que también bloquea la oportunidad de descubrir a nuestros hijos como adultos.
La pregunta teológica central es: "¿A quién le pertenecen nuestros hijos?" Para las personas de fe, la respuesta debiera ser: Dios. ¿No es acaso eso lo que reconocemos en el bautismo de infantes o en dedicación? Dios nos los da como un regalo. Ellos nos son prestados. Nuestro trabajo es criarlos, enseñarlos, amarlos y luego lanzarlos en el mundo, y de esa forma devolvérselos a Dios. Ellos están con nosotros por un corto tiempo.[2]

Sin desear extender mucho el tema, usted termina sintiéndose abusado o víctima. Un padre dijo: "Me siento como si estuviese pasando por un divorcio, no de mi esposa, sino de mi hijo de diecisiete años. Nuestras relaciones se han desboronado. Ni siquiera nos dirige la palabra, mucho menos escuchar ninguna de nuestras sugerencias o ayudas. Y ya he decidido enterrar todas mis esperanzas de que él fuera a una universidad cristiana. El no va más a la iglesia. Me dijo que ya no era creyente. ¡Quizás debiera tener un servicio funerario para el futuro! ¡A mí me luce que está muerto!"

Y sus luchas y dolores se intensifican más cada día. Puede que se sienta un poco intimidado porque no sabes en realidad qué hacer. Esa es la preocupación usual que escucho cuando los padres vienen a mi oficina. También puede que se sienta intimidado porque no puede ponerse de acuerdo con su compañero/a sobre lo que deben hacer.

Buddy Scott habla sobre la lucha con un adolescente rebelde:

Pero quizás la intimidación que causa más temor, es la de tomar el riesgo de envolverse en la demanda de un comportamiento apropiado. Usted puede que tema que sus acciones produzca que sus hijos...

que se vayan de la casa
dejen el colegio

dejen de graduarse de la escuela superior o la universidad
pierdan sus empleos
hablen en contra suya a otras personas insignificantes
los reporte al Departamento de abuso infantil
se aleje más aun de usted y se acerque al grupo equivocado
se hunda más en las drogas
quede embarazada o embarace a alguien
y cosas semejantes

Los niños que retan y son rebeldes se dan cuenta de las terribles ansiedades de los padres y las usan en contra de ellos. *En ocasiones ellos tomarán sus temores y lo usarán como herramientas de manipulación para intimidarles aún más.* Amenazarán con hacerle realidad sus más terribles temores, si es que continúa interfiriendo en sus vidas. Puede que usted se quede tembloroso y sumergido en un mar de desesperación. Los padres abusados pueden ser marginados por las ansiedades que arroja la *intimidación*. Los padres abusados son a menudo marginados por ataques de ansiedad. En ocasiones usted se sienta con la cabeza entre las manos, aturdido sin saber qué hacer. Se siente impotente, confundido y culpable.

Es como si usted se hubiese vuelto un padre *inválido*. Sólo piense en el significado de la palabra *inválido*: "Se ha convertido incapaz de cuidar de sí mismo, enfermo". Otro significado de *inválido* es "no válido, que no vale nada".[3]

Usted se siente inmovilizado. Nosotros sabemos. Nosotros nos sentimos de esa forma durante los primeros meses que nuestra hija se apartó del Señor (les contaré más sobre eso, en breve). Se siente desgarrado entre el desear hacer algo que funcione y el no desear hacer algo que torne la situación peor. En ocasiones el dolor es tan intenso a causa de que ha quedado a oscuras. No sabe lo que está sucediendo con su hijo. Parte de usted desea tener todos los detalles y la otra parte teme el oír lo peor. En cierto modo, nosotros fuimos afortunados, porque las líneas de comunicación entre Sheryl y nosotros nunca fueron rotas. Usualmente sabíamos lo que estaba sucediendo, y en ocasiones eso intensificaba nuestro dolor, porque acentuaba nuestros sentimientos de impotencia.

"Estoy viviendo con mi novio"

Una de mis tareas más difíciles como padre y esposo fue el tener que decirle a Joyce lo que estaba ocurriendo con nuestra hija. Un día, Sheryl, hizo una cita para verme al final de mis horas de trabajo de oficina, pero no me di cuenta de ello hasta que fui al escritorio de afuera y le eché un vistazo a mi sección del libro de citas. Me sorprendió ver el nombre de Sheryl escrito allí. Regresé a mi oficina, y ella estaba sentada silenciosamente, esperando por mí.

Estaba confundido por no entender el por qué ella estaba allí, y por lo primeros minutos nada significante sucedió. Pero entonces me dijo: "Papi, la razón por la cual estoy aquí es porque nunca les he mentido a ti o a mami antes, y no pienso hacerlo ahora. Yo deseo dejarles saber a ti y a mami que estoy viviendo con mi novio".

Continuamos nuestra conversación calmadamente. Le dije que apreciaba que ella me lo hubiese dicho directamente, para así no enterarme a través de otra persona. Pero ya un sentimiento de peso y de temor estaba comenzando a invadir mis emociones.

Nos despedimos, y salí, entré en mi auto, y sencillamente me quedé sentado por unos momentos en él. Un estupor, debido al disgusto, empezó a asentarse dentro de mí a medida que manejaba hacia la casa. Volví a revivir la conversación una docena de veces o más. Quizás la razón por la cual la revivía tantas veces tenía que ver con una esperanza. Yo estaba esperando poder descubrir que todo era tan solo un mal sueño, que no había sucedido y que no era verdad. Y al rehacerlo una y otra vez, estaba probablemente atrasando lo que sabía sería inevitable, el tener que decírselo a Joyce.

Comencé a formular y ensayar lo que iba a decirle. Deseaba posponerlo y así evitarlo. No deseaba tener que darle lo que sabía sería un gran dolor para ella. Esa noche y al día siguiente, intenté decírselo en varias ocasiones, pero cada vez me acobardaba y esperaba. Finalmente, le dije que tenía que revelarle algo, y así lo hice. Pude ver el impacto que tuvo en ella, y desee una vez más que no hubiese sido verdad, y que no tuviera que ser yo quien se lo hubiera dicho.

La reacción de Joyce fue diferente de lo que yo esperaba. Las noticias confirmaron lo que ella sentía que era el camino que estaba tomando Sheryl. Joyce estaba más dolida y triste que sorprendida, porque ella sabía que ese estilo de vida no le traería a Sheryl felicidad. Joyce tambien llegó a la conclusión de que Sheryl había tomado una decisión a conciencia de que estaba contrariando la voluntad de Dios, así que comenzó a orar con firmeza en contra de tal decisión.

Por los próximos cuatro años, nos sentimos como si estuviésemos en un "valle de muerte emocional". Fue el momento más dificil en nuestro papel de padres, desde que internamos a Matthew en el hogar dos años atrás. Durante ese tiempo, tal parecía que íbamos de una crisis en otra. Experimentamos situaciones de las cuales habíamos escuchado antes suceder en las vidas de otras familias, pero nunca anticipamos que ocurriese en la nuestra.

¿Nos imaginábamos que uno de los novios de Sheryl podría convertirse en un traficante de drogas y abusador físico? No, no lo pensamos, ni tampoco Sheryl. ¿Quién hubiera pensado que recibiríamos una llamada de ella, pidiéndonos que fuésemos a recogerla y a ayudarla a mudarse de nuevo a casa, por causa de una situación difícil con la muchacha compañera de cuarto que estaba traficando con drogas? Esa fue una ocasión en la que tuvimos un sentido de control ya que pudimos reportar a la persona a las autoridades.

A pesar del dolor, pasamos muchas horas divertidas con Sheryl que dieron esperanza a nuestras relaciones. Pero en general fue un tiempo de tristeza, porque no veíamos ninguna indicación de que pudiese cambiar su curso de acción.

Por los próximos cuatro años, nos sentimos como si estuviésemos en un "valle de muerte emocional".

A menudo estuvimos tentados a señalar los errores de lo que estaba haciendo y corregirla. La mayoría de las veces nos mantuvimos callados, sin embargo, tan sólo mencionar la situación provocaba que se pusiera a la defensiva. Entonces aprendimos que ella ya estaba luchando con una carga de culpa y verdaderamente no necesitaba más.

Muy a menudo los padres llevan la carga de la culpa y la autorreprensión. Quizás mientras más determinado esté de que su hijo sea de una forma, mayor es el dolor. Yo he escuchado a padres decir: "¿Qué estaba mal?" Y al rato escucho: "¿Qué hice mal? ¿Dónde fallé?" Especialmente las madres son propensas a sentirse de esta forma, y lo admiten más rápido que los padres. Cada padre tiene que enfrentarse y funcionar a través de sus sentimientos de culpa. El autor de *Madre, tengo algo que decirle* habla de esta lucha universal:

El dilema de la madre es especial: "Yo hice algo o dejé de hacer algo". ¿Podrá la madre estar alguna vez segura de que lo que ella está haciendo —o no está haciendo—, con su hijo está correcto, irrefutablemente correcto, en cualquier momento dado?

La culpa ha sido injustamente añadida por aquellos llamados expertos. Los doctores Paula Caplan y Ian Hall-McCorquodale, del Instituto para Estudios en Educación de Ontario, recientemente revisaron ciento veinticinco artículos de periódicos sobre psicología clínica desde 1970, 1976 y 1982. Ellos encontraron "la culpa de la mamá" rampante, indiferentemente del sexo del autor, el tipo de reportaje y el año de publicación. Setenta y dos tipos de desórdenes fueron directamente atribuidos a las madres. Las madres fueron relacionadas a problemas de

los niños con cinco veces más frecuencia que los padres.
El momento ha llegado de soltar a las madres del anzuelo. El éxito en la maternidad depende de un misterioso anagrama de personalidad y circunstancia. Lo que funciona con un hijo, no lo hará con su hermana. En las familias descritas aquí, los niños que están ahora contentos, independientes y productivos, crecieron con sus hermanos o hermanas, cuyas vidas parecen a sus madres como "perdidas" por seguir usando la misma palabra que tal parece surgir una y otra vez en las entrevistas. Y a pesar de lo diferentes que han salido los hijos, la madre no está consciente de haberlos tratados diferentes en lo más mínimo mientras estaban creciendo. En realidad, el hijo que trae más tristeza a la madre puede que sea el que demostraba prometer más. Porque son curiosos y atrevidos, los hijos que más prometen son a menudo los que se comportan de la forma menos tradicional. Ellos tienen todo trabajando en su favor, inteligencia, talento, preocupación por los demás, y apetito de la vida. Están acostumbrados al éxito. No es sorprendente que estos jóvenes son los que a menudo encuentran fácil y tentador desafiar la tradición.
Cuando ellos tienen éxito, la madre no recibe ningún crédito. Cuando fracasan, ¿debiera ser ella la culpable? Cuando la madre comienza a darse cuenta de cómo sus hijos son realmente, la gran pregunta que hacen a los expertos, sea dicha o no, es: "¿Es mi culpa?"
La respuesta que ella recibe dependerá de a cuál experto le pregunte.[4]

Es normal que usted misma se mire y se culpe. Aun cuando todos nosotros somos imperfectos como padres (¡y algunos padres más que otros!), la rebelión de sus hijos no significa que usted es un fracaso como padre. Mi valor y el suyo no están basados en las decisiones que nuestros hijos tomen.

¿Quién puede explicar el por qué cuatro hijos en una familia tienen actitudes saludables y son moralmente responsables, excepto uno que es rebelde? Estamos lidiando con el orden de nacimiento, diferencia de personalidad, estructura neurológica y una presión irregular de las amistades, un sistema moral no cristiano en nuestra sociedad, y sus propios libre albedrío. Si usted está criando a sus hijos a ser cristianos y a reflejar ese sistema de valores, usted está criándolos para que sean personas en minoría, en medio de un medio ambiente hostil.

Recientemente hablé con Sheryl sobre sus días de peregrinaje. A medida que discutimos el por qué sucedieron, ella hizo una observación muy interesante: "Parte de todo fue la presión de las amistades, pero yo he llegado a la conclusión de que cuando uno tiene una vena artística, como en mi caso, pero no tienes la oportunidad de expresarla, uno tiene la tendencia de inclinarse más hacia las drogas y el alcohol. En esa época, yo no me sentía capaz de poder expresar mi arte como lo hago ahora, y yo pienso que esto tuvo algo que ver con lo sucedido". Ella también mencionó el haber encontrado una camisa con una declaración escrita con la cual se identificó inmediatamente. Leía: "El arte y la música son las drogas que escogen miles de niños. Si esperamos que digan que no a un placer químico, tenemos entonces que reconocer la alternativa sanadora, su propia creatividad. Demande y apoye el verdadero programa antidrogas —arte en la educación".

Ahora cuando Sheryl se siente bajo tensión y presión, ella puede orar sobre el asunto y crear una pintura que llene sus necesidades.

Qué dice la Biblia realmente

Ezequiel 18 nos asiste en señalar la culpa del comportamiento rebelde de los hijos ya crecidos. La forma que Dios mira a esa situación es clara:

Vino a mí palabra de Jehová, diciendo: "¿Qué pensáis vosotros, los que usáis este refrán sobre la tierra de Israel, que dice: '¿Los padres comieron las uvas agrias, y los dientes de los hijos tienen la dentera?' Vivo yo, dice Jehová el Señor, que nunca más tendréis por qué usar este refrán en Israel. He aquí que todas las almas son mías; como el alma del padre, así el alma del hijo es mía; el alma que pecare, esa morirá".

Ezequiel 18:1-4

Entonces en el verso 20 El concluye, *"...el hijo no llevará el pecado del padre, ni el padre llevará el pecado del hijo; la justicia del justo será sobre él, y la impiedad del impío será sobre él".*

Su familia no es la única que está traumatizada. También lo estaba la de Dios, y desde el comienzo. El amó a Adán y Eva, pero El los perdió. El pasó tiempo con ellos, pero ellos sucumbieron a la tentación. El los confrontó, y ellos culparon a otros. Dios fue el primer padre en ser culpado también. Adán dijo, *"la mujer que me diste, lo hizo".* Dios comprende lo que usted está experimentando. El le dio a Adan y Eva un medio ambiente perfecto, enseñanzas perfectas, y amor perfecto, y aun así no había garantía de que ellos escogiesen seguir Sus instrucciones.

Si hay un pasaje que yo he escuchado usar y usar mal, y mal interpretar una y otra vez, es Proverbios 22:6 *"Instruye al niño en su camino, y aun cuando fuere viejo no se apartará de él".* Dios nunca tuvo la intención de que ese verso fuese una garantía de que el niño que es criado fielmente saliese piadoso. En realidad, los escritores de Proverbios estaban bien conscientes que los padres piadosos pueden tener hijos no piadosos. De otra forma nunca hubieran dicho: *"El hombre que ama la sabiduría alegra a su padre; mas el que frecuenta rameras perderá los bienes"* (Proverbios 29:3) Este proverbio y otros como este (ver, e.g., 10:5) se enfrentan a la realidad: Los hijos pueden rechazar la moral de los padres y el entrenamiento espiritual recibido.

***L**os proverbios nunca fueron hechos con la intención de ser **promesas** absolutas de Dios. En su lugar, ellos son **probabilidades** de cosas que pueden muy bien ocurrir.*

Los escritores también admiten que los hijos pueden maldecir a sus padres: *"Hay generación que maldice a su padre y a su madre no bendice. Hay generación limpia en su propia opinión, si bien no se ha limpiado de su inmundicia"* (Proverbios 30:11-12).

Los hijos, de acuerdo al libro de Proverbios, pueden tambien despreciar a sus padres (ver 15:20) burlarse de ellos (ver 30:17). Los hijos criados en un hogar piadoso puede que desperdicien el dinero de sus padres (ver 28:24) y aun rehúsan ayudar a una madre viuda con necesidad de comida y casa (ver 19:26).

Los escritores de Proverbios reflejaron la vida según ellos la experimentaron (después de que la humanidad cayese en el pecado) y no como una existencia fantasiosa. Así que, ¿qué haremos con Proverbios 22:6?

Los proverbios nunca fueron escritos con la intención de ser promesas absolutas de parte de Dios. En su lugar, ellos son cosas probables que pueden ocurrir. El autor primario del libro de Proverbios, Salomón, fue el hombre más sabio de la tierra en su tiempo. Su propósito fue el comunicar sus observaciones a través de sus inspiraciones divinas, en la forma que la naturaleza humana y el universo de Dios funcionan. El estaba diciendo que dado un grupo específico de circunstancias, entonces es posible esperar que se produzcan ciertas consecuencias. Muchas personas han tomado un gran número de pasajes fuera de ese contexto y lo han aislado como una promesa de Dios. Pero, ¿cómo, entonces, podremos explicar el por qué otros tantos proverbios no prueban inevitablemente su total exactitud?

"La mano negligente empobrece; mas la mano de los diligentes enriquece" (10:4).

"El temor de Jehová aumentará los días; mas los años de los impíos serán acortados" (10:27).
"Ninguna adversidad acontecerá al justo; mas los impíos serán colmados de males" (12:21).
"Los pensamientos son frustrados donde no hay consejo; mas en la multitud de consejeros se afirman" (15:22).
"Corona de honra es la vejez que se halla en el camino de justicia" (16:31).
"La suerte se echa en el regazo; mas de Jehová es la decisión de ella" (16:33).
"El príncipe falto de entendimiento multiplicará la extorsión; mas el que aborrece la avaricia prolongará sus días" (28:16).

Estoy seguro que puede pensar en excepciones para los proverbios antes mencionados. Ellos aparentan representar lo que pudiera ser más bien, en vez de términos con el sello personal de garantía de Dios, adherido.[5]

¿Qué, entonces, nos dice Proverbios 22:6 sobre los padres? Explica la responsabilidad paternal de dedicar nuestros hijos a Dios y entrenarles en Sus caminos.

En el original Hebreo, la frase "en su camino" refleja el pensamiento de que los padres necesitan considerar el estado particular del niño de desarrollo y personalidad única. La versión amplificada dice, "en mantenerse al día con sus dones individuales o inclinaciones". En vez de enseñar que cada niño debe responder de la misma manera, este verso urge a los padres a entrenar a sus hijos a amar a Dios y servirle a El a la luz del don y temperamento singular del niño.

El doctor Gleason Archer resume las obligaciones de los padres y sus expectaciones realísticas de esta manera:

> Este tipo de entrenamiento implica una política de tratamiento a los niños como algo más importante que la forma personal de conveniencia o el tipo de vida social fuera de la casa. Significa estimularlos a entender que ellos son personas muy importantes en su propia forma, porque son amados por Dios, y porque

El tiene un plan maravilloso y perfecto para sus vidas. Los padres que fielmente siguen estos principios y prácticas en la crianza de sus hijos pueden confiadamente entregarlos como adultos al cuidado y orientación de Dios y no sentir ningún sentido de culpa personal si es que el niño más tarde se desvía de su curso. Ellos han hecho lo mejor ante Dios. El resto es responsabilidad del mismo niño.[6]

Si usted sigue el consejo en Proverbios 22:6, hay una buena probabilidad de que los niños puedan quedar fieles a la instrucción por toda sus vidas o regresar a las enseñanzas de Dios a medida que maduren. Recuerde, sin embargo, que solamente es una posibilidad, no una certeza. Lo que es importante es que usted entienda lo particular de la personalidad de cada niño y adapte sus respuestas a esas particularidades.

Muchos padres puede que continúen sintiéndose culpables cuando lean Proverbios 22:6 porque ellos escuchan a este proverbio decir que ellos solamente pueden esperar que sus hijos se conviertan, si ellos son padres perfectos. Pero esa línea de pensamiento ignora los pasajes bíblicos que le aseguran que si ellos tratan de vivir una vida piadosa, Dios les bendecirá.

Dios no requiere o espera que usted sea perfecto. El sabe que eso es imposible. El solamente pide su mejor esfuerzo.

Yo he escuchado a padres citar otros pasajes de la Escritura para extraer una promesa de Dios de que sus hijos se mantendrán fieles a los principios cristianos o regresarán a la fe. Algunas personas piensan, *Si tan solo yo tuviese más fe, mi hijo creería. Despues de todo, Jesús dijo, "Pedid, y se os dará; buscad, y hallaréis (Lucas 11:9). Es mi culpa, porque yo tengo tan poca fe.*[7]

El doctor James Kennedy describe lo que él ha visto:

Algunos padres intentan usar "el poder de la alabanza" para manipular o forzar a Dios a que toque la vida de sus hijos. Ellos se levantan en reuniones de oración y dicen, con gran emoción: "Padre, yo te alabo porque has salvado a Susan. Yo te alabo porque ella es una creyente a tu vista. Yo te alabo, porque ella es tu hija. Por favor, manifiesta esta verdad en su vida, para poder alabarte también por ello".

Aun otros padres que son más tradicionales descansan sobre la promesa del pacto del bautismo de infantes. Estos padres mantienen: "Yo bauticé a John y lo hice un hijo de Dios. Dios nunca pierde uno de sus hijos. El nos dice esto en la parábola del Buen Pastor. El tiene que traer a John a la fe y al arrepentimiento o El ha roto Su promesa".

Cada uno de estos enfoques asume que el hombre finito puede forzar al Dios infinito a actuar. Esto no es otra cosa sino un mal entendimiento de la relación entre Dios y el hombre. El punto de vista ritualístico de Dios enseña que el Espíritu divino tiene que responder a ciertas palabras y acciones del hombre como si fuera un miembro del ocultismo y sacerdote de religiones primitivas que invocan ciertas palabras y encantamientos para obligar a sus dioses a actuar. "¡Abracadabra y su deseo es otorgado!"[8]

¡Pero la fe bíblica es mucho más complicada que ese tipo de pensamiento! Nuestro Dios es el Señor personal del universo. El está trabajando en su plan de redención a través de Jesucristo, de acuerdo a Su perfecta voluntad. Dios es soberano en nuestra salvación, y El la otorga de acuerdo a Su misericordia sobre quien El escoja (ver Romanos 9-11; Efesios 1).

Nuestro Señor soberano puede ser tocado por nuestras oraciones. El permite el ser influenciado por ellas. Pero nunca podremos forzarlo a El a actuar. Necesitamos tener esperanza de que El actuará, sin embargo, siempre esté preparado a aceptar Su decisión con paz y sumisión.[9]

Lo que puede hacer un padre

¿Qué puede usted hacer cuando tiene un adolescente o un joven adulto (como nosotros tuvimos) que decide ir en otra dirección con su vida? Como en otras crisis, usted debe lanzarse de lleno en la compasión y gracia de Dios para descubrir consuelo para su dolor y luchas. Y en este proceso, hay pasos que puede tomar.

Un paso es el darse cuenta que el adolescente y joven adulto tienen que vivir con las consecuencias de sus acciones. El pecado y la rebelión siempre traen tristeza y dolor. Cuando los jóvenes adultos no ven las consecuencias inmediatamente invadir sus vidas como resultado de su pecado, es simplemente la misericordia de Dios, lo que lo impide. Todos nosotros hemos sido librados misericordiosamente de los resultados justos de nuestras acciones, en numerosas ocasiones. Siempre es un descanso cuando sucede, pero no podemos contar con ello. El apóstol Pablo comenta este tema cuando escribe en Romanos 2:4-6:

> ¿O menosprecias las riquezas de su benignidad, paciencia y longanimidad, ignorando que su benignidad te guía al arrepentimiento? Pero por tu dureza y por tu corazón no arrepentido, atesoras para ti mismo ira para el día de la ira y de la revelación del justo juicio de Dios, 'el cual pagará a cada uno conforme a sus obras'.

Nuestros hijos pudieran sufrir grandemente, pero el dolor puede demorarse años en llegar. Esto lo vemos más y más, por ejemplo con la epidemia del SIDA. Sin embargo la rebelión es *su* decisión, y las consecuencias son también de ellos.

Nosotros tenemos que esperar con paciencia, la cual tiene que venir del Señor. Nosotros sufriremos mientras esperamos por nuestros jóvenes adultos a que lleguen a reconocer sus rebeliones.

Pero tenemos que estar presentes cuando ellos llamen por ayuda y comprensión. Puede que ellos no usen palabras para expresar sus necesidades. Esté atento a ese llanto silencioso y llore con ellos. Nosotros lo hicimos. Puede que usted tenga que esperar años antes de que lo escuche o vea alguna señal de que su dureza se está suavizando.

Nosotros sufriremos mientras esperamos por nuestros jóvenes adultos a que lleguen a reconocer sus rebeliones. Pero tenemos que estar presentes cuando ellos llamen por ayuda y comprensión.

Cuando usted vuelva a entrar en sus vidas, hágalo despacio y con cuidado, sin condenar. A menudo ellos saben del dolor de la culpa y la convicción. Necesitan saber que usted está ahí no para rescatarles pero sí para recibirlos, amarlos y ayudarlos a restaurar sus vidas.

Sobre todo, mantenga las líneas de comunicación abiertas. Sus cartas y llamadas puede que no sean contestadas, pero sí serán vistas y oídas. Recientemente trabajé con un padre, que a través de un período de semanas, escribió seis cartas sin recibir respuesta. Pero la séptima recibió respuesta. Aun cuando la comunicación es tirante o no existe ninguna, usted puede seguir tratando.

Use los cumpleaños, fiestas, y ocasiones especiales para enviar postales o hacer llamadas. Si es rechazado, simplemente siga tratando de alcanzarle.

Nunca deje de orar. Pídale a Dios por otra persona que entre a la vida de sus hijos, y le sirvan de influencia a inclinarle hacia una dirección piadosa. Ellos pueden ser influenciados por compañeros o amigos, y pueden revelarse a otros en formas que nunca podrán o desearán hacerlo con sus padres.[10]

Como pareja, llegamos a la conclusión de que nuestro papel era de orar y tratar de amar a Sheryl sin condiciones.

Comprendimos que otros pudieran tener más influencia que nosotros.

Joyce recuerda sus pensamientos y preocupaciones de esa época:

Mi amiga Fran y yo nos sentimos inclinadas a orar y pedir a Dios que confrontara a Sheryl y lograra su atención. Diariamente comenzamos a ponerla en las manos de Dios, y oramos para que El usara cualquier medio necesario para traerla de regreso a El. En ocasiones Dios usa sucesos dolorosos y dramáticos para atraernos a El. Descubrimos un patrón que ocurría después que orábamos. En dos o tres días ella nos llamaba, necesitada, herida, y atemorizada sobre algún incidente.

A través de los años de preocupación, Norm y yo pudimos dormir de noche, aún cuando sabíamos que el camino que ella había escogido le dirigiría a muchos problemas. Nosotros orábamos por su protección y la entregábamos en las manos de Dios.

Un incidente en particular sobresale en mi memoria. Estábamos fuera del pueblo, conduciendo un seminario de matrimonio en el Parque Nacional de Gran Teton. Una noche me desperté con una carga por Sheryl y sólo sabía que ella tenía una gran necesidad en ese momento. Lo único que podía hacer era orar, sabiendo que Dios sabía cuál era su necesidad. Cuando regresamos a la casa, casualmente le mencioné lo que me había sucedido a Sheryl, y ella me preguntó sobre el día y la hora de lo sucedido. Cuando le dije, ella pensó por unos momentos, luego se quedó muy callada y pálida, como recordando interiormente dónde había estado en ese momento. Fue un momento cuando ella se dio cuenta de que Dios aún le amaba y estaba tratando de alcanzarla.

Podemos recordar otras ocasiones cuando mujeres cristianas pudieron sentarse y hablar con Sheryl mientras ella le arreglaba las uñas. (Ella es una manicurista.) ¿Quién podrá decir lo mucho que Sheryl fue influenciada por otros durante ese tiempo? Siga orando por la recuperación de sus hijos y la sanidad espiritual en sus vidas.

El resto de la historia

Aquí encontramos tres cosas que usted pudiera necesitar recordar *no* hacer: No espíe, no predique y no presione a un joven adulto que esté perdido o haya regresado.

Cuando su hijo adolescente o joven adulto se pierde, usted va a sufrir. Usted *tiene* que sufrir sobre el dolor que está experimentando. Después que Sheryl me dijo lo que estaba sucediendo en su vida, ese día en mi oficina, yo estaba destrozado. Yo sufrí. Cada mañana por las próximas tres semanas, mientras hacía mis ejercicios matutinos o paseaba en bicicleta, escuchaba una grabación de Dennis Agajanian titulada "Rebélece a lo malo". Y mientras escuchaba y paseaba, yo lloraba. Joyce y yo nos preguntábamos cuándo la rebelión de Sheryl terminaría. Nosotros orábamos y esperábamos, esperábamos y orábamos.

Luego de tres años y medio, comenzamos a notar indicaciones de cambios en la vida de Sheryl. Una amiga le pidió que le acompañara a una reunión de Alcohólicos Anónimos (AA) para que la apoyara moralmente. Para sorpresa de Sheryl, mientras escuchaba los testimonios y la información dada, comprendió que *"estaban hablando sobre mí. Yo necesito estar aquí también"*. Nunca pensamos que un día estaríamos sentados en una reunión de AA, escuchando a nuestra hija de pie, decir: "Hola, mi nombre es Sheryl. Yo soy una alcohólica", y entonces observar cómo recibía su prendedor de reconocimiento por treinta días de sobriedad. Pero ya la hemos visto conquistar ese problema.

Pocos meses más tarde, ella tuvo que ser hospitalizada para una operación en un disco herniado. Mientras estaba allí, ella le dijo a Joyce, "espero y oro que Dios me deje salir de ésta para poder cambiar mi vida por completo y encontrar mi camino de regreso a El".

Poco tiempo más tarde, un joven cristiano que está casado con una de mis parientes vino a visitarnos. Mientras hablaba con Sheryl, le preguntó: "¿Qué vas a hacer con tu vida?" Esto la puso a pensar.

Ese mismo fin de semana, todos fuimos a la Primera Iglesia Presbiteriana de Hollywood. Nuestro pastor, el doctor Lloyd Ogilvie, no estaba ese domingo, y Ralph Osborne estaba predicando. Al final de los servicios, se da la oportunidad a las personas para pasar al frente e invitar a Jesús a entrar en sus vidas, a rededicar sus vidas al Señor, a recibir oración por sanidad, y otras cosas más. Nunca se me olvidará al estar sentado en el silencio de ese momento y luego escuchar una voz suavemente decirme al oído: "Papi, ¿caminarías al frente conmigo?"

Dios puede cambiar años de dolor de cabeza con nuestros hijos, en ocasiones de gran gozo.

Con lágrimas en mis ojos, la seguí hasta el frente de la iglesia y tuve el privilegio de verla arrodillada allí, hablando con un anciano de la iglesia, y luego rededicar su vida a Jesucristo. Fue un compromiso que incluía un cambio dramático y total en su estilo de vida.

Más tarde ese día, Sheryl dijo: "Papi, yo estaba bien emocionalmente hasta que te miré y me di cuenta de que estabas perdiendo la compostura, entonces yo perdí la mía y comencé a llorar tambien". Ambos nos reímos de su comentario, al darnos cuenta de que nuestras lágrimas eran de alegría. Joyce y yo estamos tan agradecidos a Dios que puede cambiar años de dolor de cabeza con nuestros hijos, en ocasiones de gran gozo.

Quizás usted no ha llegado allí aún. Su hijo puede que aún esté perdido. Le puede parecer una eternidad. Y para algunos, puede que sea. A veces los padres no verán a los hijos perdidos regresar. Pero nunca, nunca pierda las esperanzas. Siga orando. Y quizás a usted como nos sucedió a nosotros, la parábola del hijo pródigo en Lucas 15 llegará a tomar más significado. En realidad todos nos podemos identificar con esa historia, porque en una forma u otra, ¿no somos todos hijos pródigos? Solamente es que algunos de nosotros somos más evidentes que otros.

Sigue soñando

Permítame terminar este capítulo con una nota positiva a medida de estímulo. Los momentos alegres que usted piensa que pueden haberse perdido para siempre, pueden convertirse en una realidad.

He estado hablando sobre el destrozo de lo sueños que teníamos con nuestros hijos. No hay nada malo con los sueños, mientras sean realísticos y no hayan sido hecho en concreto. Nosotros naturalmente deseamos que nuestros hijos sean un reflejo de nuestras creencias, valores y posturas.

Yo tenía grandes esperanzas sobre el éxito académico de nuestra hija. Ahora entiendo las razones para mis expectaciones, mucho mejor que en aquel entonces. Cuando yo comprendí que Matthew nunca podría progresar mucho más allá de una mentalidad de dos años, mis esperanzas en Sheryl y su carrera académica aumentaron dramáticamente. Asumí que ella iría y completaría la universidad. Después de todo, yo había completado la universidad y dos programas postgrado, ¿por qué Sheryl no seguiría ese mismo camino?

Pero esos eran mis sueños, no los de ellas. Sheryl dejó la universidad después de un año y se convirtió en manicurista licenciada en un salón de belleza. La carrera que había escogido, no era la que yo hubiera escogido, pero yo no era la persona que decidía. Entonces ella comenzó a progresar en su terreno. Aplicó su talento artístico dado por Dios a su trabajo, haciendo arte en uñas, esto es, pintando escenas en miniatura en las uñas de sus clientes.

Sheryl aprendió la mayoría de lo que hizo, por su cuenta, sin la ayuda de lecciones. Ella pensaba una idea nueva y no dudaba en su realización. Ella tambien aprendió por sí misma el arte de cepillar con aire, e inclusive el diseño de nuevos estilos. Sus habilidades se desarrollaron al punto de llegar a ganar varias competencias nacionales en el giro, enseñó para una compañía de uñas muy importante, y abrió su propio salón de uñas en la cual hizo tambien decoración interior. Nuestra hija eventualmente construyó uno de los negocios mejores en este giro, de toda la ciudad.

Otra ocasión de gran gozo fue el ver a nuestra hija comprometerse con un buen hombre cristiano. ¿Quién hubiera pensado que dos años después de haber caminado al altar para rededicar su vida al Señor, yo hubiera tenido el privilegio de acompañarla de nuevo al altar para su boda? También durante el tiempo de la preparación de la boda, algunas cosas memorables ocurrieron.

El día mismo de la boda, fue un día memorable en mi vida. Yo estaba preocupado por mantenerme controlado durante la ceremonia, y eso salió bien. Sin embargo, dos días más tarde, mientras estaba mirando el video de la boda, todos los sentimientos salieron a la superficie.

Otro evento de esa época fue muy especial para nosotros como padres. Antes del día de la boda, Sheryl nos dijo sobre Matthew, que tenía veintidos años en esos momentos: "Yo sé que Matthew no podrá venir a la ceremonía —nos dijo—, pero me hubiera gustado que él fuese parte de mi boda. ¿La próxima vez que venga de visita, podríamos alquilar un traje de etiqueta para él, para que él y yo nos podamos sacar una foto juntos?"

De más está decirles, que su petición nos dio una profunda alegría. Por causa de muchos factores, no pudimos lograr su deseo, pero en ese momento no nos pareció mal. La petición considerada de Sheryl, tenía gran significado para nosotros y sigue siendo un recuerdo precioso. Ahora que Matthew se ha ido (ver capítulo 3), este viene a ser uno de esos eventos que hubiéramos deseado que hubiera sucedido.

Durante más de veinticinco años de consejería prematrimonial, yo siempre he pedido que los padres de la pareja comprometida, escriban una carta a su futuro yerno o nuera, dándole la bienvenida a la familia. He escuchado cientos de cartas leídas en mi oficina. Por años esperábamos con entusiasmo el escribir una carta así al futuro esposo de Sheryl. Me puse contento cuando el consejero de Bill y Sheryl, que es un buen amigo mío, nos pidió que Joyce y yo escribiésemos una carta dándole la bienvenida a Bill, cosa que hicimos. También deseábamos escribirle una carta a Sheryl. Deseábamos expresar de forma especial nuestro amor por ella y nuestra alegría sobre su futuro con Bill. Era nuestra forma de entregarla al hombre que Dios había traído a su vida. Siguiendo las instrucciones del consejero, le enviamos por correo nuestra carta dirigida a Bill, e incluimos también una para Sheryl. Cuando llegó su sesión, él le dio a Bill nuestra carta de bienvenida. Luego le dijo a Sheryl: "Hay una carta adicional para ti, Sheryl, de tus padres. Pero en vez de dártela para que la leas, permíteme sugerirte que la tomes y vayas a tu casa y le pidas a tu padre que te la lea". Cuando ella regresó a casa con esa petición, no estaba preparado. Sin embargo, conociendo a su consejero como lo conozco, no debió haberme sorprendido. Esperé por tres días el momento en que pudiéramos estar los tres sentados juntos y poder leerle la carta a Sheryl, esa carta de Joyce y mía. Estoy tan contento de que nos pidieran hacerlo. Fue un momento tan especial. Con el permiso de Sheryl, deseamos compartir la carta con usted:

Querida Sheryl:
Probablemente no esperabas recibir una carta de nosotros en este momento, pero siempre hemos deseado escribirle una carta a nuestra hija casadera. ¡Y finalmente ese momento ha llegado!
Por años hemos estado orando por el hombre que escogerías para compartir el resto de tu vida. La paciencia tiene sus recompensas, ¿verdad?
Sheryl, nuestro deseo para ti es que tengas un matrimonio que te llene, satisfaga, y glorifique a Dios. Tú, como mujer, tienes tanto que ofrecer. Tienes talentos y habilidades dados por Dios, que con cada año de tu vida, emergen más y más. Tienes una sensibilidad y amor que darle a Bill que exaltará tu matrimonio. Sabemos que habrá momentos cuando te

entristezca y te sientas desanimada. Nunca te des por vencida. Dios nunca lo ha hecho contigo, ni lo hará, nosotros nunca lo hemos hecho contigo, ni lo haremos. Trátate con el respeto que Dios te tiene. Permítele a El que te capacite para continuar desarrollándote como mujer casada. Jesucristo ha comenzado una nueva obra en ti, y El la completará.

Sheryl, tú has traído tanto deleite y gozo en nuestras vidas, y le damos gracias a Dios por haber sido nuestra hija por todos estos años. Hemos crecido juntos, hemos aprendido a aceptarnos los unos a los otros, y aun a través de algunos tiempos difíciles de heridas y dolor. ¡Así es la vida! Pero por Jesucristo, es que podemos aprender a través de esos tiempos difíciles.

Buscamos con entusiasmo el momento en que seamos los padres de una hija casada. Señora de Bill Macauley: ¡No suena maravilloso!

Sheryl, gracias por la forma que has enriquecido nuestras vidas. Gracias por ser quien eres.

Te amamos,
Mami y Papi [11]

3

La ida al hogar

En la primavera de 1989, después que Matthew había estado en el Hogar Salem aproximadamente diez años, él tuvo un programa de graduación, completo con gorra y toga, en el colegio donde asistía. Tenía 21 años de edad, y con su paso amplio y sus expresiones faciales, parecía aún más incapacitado. Su vocabulario consistía de solamente ocho o diez palabras, y nunca supimos si tan siquiera entendía el significado de esas pocas palabras.

Habíamos desarrollado el ritual de llevar a Matthew a la granja Knott's Berry para celebrar su cumpleaños cada año. Nos subíamos en dos o tres de los aparatos más simples y caminábamos con él para ver los animales. En ocasiones él aparentaba disfrutar la experiencia, pero a menudo mostraba poca o ninguna reacción. Nosotros no sabíamos con certeza si le gustaba, o si tan siquiera notaba lo que estaba sucediendo. Pero eso estaba bien. Una lección que aprendimos era que cuando hacemos algo por otra persona, no siempre tienes que recibir una respuesta. Lo haces a pesar de que nunca eres reconocido.

Un día cuando pasamos a visitarlo, sacamos a Matthew a comer a un restaurante cerca de el Hogar Salem. Durante el almuerzo, tuvimos un desastre tras otro. Primero, estábamos sentados en una mesa cerrada con separaciones de madera y cristal a la altura de nuestras cabezas. La madera actuaba como un aparato de amplificación. La comida de Matthew estaba con muchas especias, y tuvimos que ordenar de nuevo para él. (Una cosa sobre Matthew, a él no le gustaba esperar por su comida.)

El ya se había bebido un vaso de leche, así que ordenamos otro. Lo sirvieron, pero no deseábamos que se lo tomara muy pronto, por tanto lo pusimos al otro extremo de la mesa. El se sentó allí, mirando la leche un largo rato, y entonces se paró lentamente, se inclinó sobre la mesa y tomó el vaso con ambas manos como si lo fuese a traer hacia él.

Con un grito Joyce y yo sujetamos el vaso y una gran lucha se desató, y el vaso no cedía ni para un lado ni para el otro. Sentado detrás de nosotros estaba una pareja elegantemente vestida, y en nuestras mentes se inició la peor de las pesadillas. Podíamos verlo, Matthew ganando la competencia y tirando ese pesado vaso de leche sobre su cabeza, y por encima del cristal, sobre la pareja. ¡Así que lo sujetamos aún más fuertemente!

De momento, pareció como si Matthew decidiera: "Está bien, si no viene a mí, yo iré a él". Así que se levantó y se inclinó sobre la mesa, puso su boca sobre el vaso, y comenzó a tomar de él mientras permanecía inmóvil sobre la mesa. El absorbió bastante y se quedó con una marca de leche alrededor de su boca. Entonces pareció estar satisfecho y se sentó. Respiramos con alivio. Terminamos la cena y dejamos el restaurante con abundante comida regada sobre la mesa, los asientos y el suelo. Cuando Matthew cenaba afuera, él se divertía haciéndolo.

Una condición seria

Cuando regresábamos con Matthew a Salem ese día, comenzó a vomitar su comida. Habíamos oído del problema, pero ahora lo veíamos por primera vez.

Joyce les cuenta lo próximo que sucedió:

Cuando regresamos a Salem, hablé con los empleados sobre su manera de devolver sin esfuerzo la comida que había cenado, y luego como parecía que se ponía a jugar con ella. Se trataba de ambas cosas, una condición médica y un comportamiento autoestimulado. El problema continuó y pudimos observarlo más a menudo. Los empleados de Salem y del colegio trataron en muchas formas diferentes de detener ese comportamiento que se repetía, pero nada de lo que hacían parecía tener éxito.

En el otoño de 1989, Norm y yo regresamos al Hogar cuando volvíamos de un seminario para matrimonio que habíamos conducido; y cuando vimos a Matthew, quedamos sorprendidos. Había perdido trece libras, y ya de por sí él era delgado. Había bajado a noventa y una libras. Desde ese momento en adelante los empleados de Salem y los doctores trataron el problema como un desorden médico serio —reflujo del esófago—, una quemadura de los tejidos del esófago.

Un nuevo sentido de urgencia apareció. Tenía que hacerse algo, y la frustración de no poder comunicarse con él sobre su hábito destructivo nos dejó sintiéndonos desamparados una vez más. El no podía decirnos sobre el dolor y la incomodidad que seguramente estaba experimentando. (Esto sucede con frecuencia con los hijos incapacitados.)

El especialista nos dijo que había medicamentos que se podían usar, pero que no siempre funcionaban. Y en este caso, la cirugía podía ser necesaria.

Aunque el equipo de médicos hizo todo lo que podía hacer, la medicación no dio resultado. Era obvio que la cirugía tendría que hacerse. Una operación se requería, en la válvula entre el esófago y el estómago que controla el reflejo de regurgitación. Aunque contábamos con un equipo médico excelente, nos dimos cuenta que al final, dependíamos solo de nuestro Señor. Así que continuamos con los planes para la operación, y Norm y yo, al igual que algunas amistades donamos sangre para la cirugía que se había programado.

El domingo antes de la operación, durante la alabanza en nuestra iglesia, cantamos el himno, "Santo, Santo, Santo". Dos palabras me parecían sobresalir, *misericordioso y poderoso*. ¡Dios es misericordioso y poderoso! Matthew estaba por entero en las manos de Dios, y yo estaba segura que El sería misericordioso en cuanto a nuestro precioso pequeño hijo se refería. También sabíamos que Dios es fuerte y poderoso y no hay nada difícil para El.

Llegó el día de la cirugía, teníamos una mañana maravillosa y Matthew estaba muy despierto y atento. Mientras conducíamos hacía el hospital, él escuchó una sirena y echó su cabeza hacia atrás y se rió con gran bullicio. Para él, las sirenas eran un sonido de alegría y placer. Esa fue la última vez que le escuché reír con alegría, pero yo atesoro la memoria de esos momentos de risa a través de los años. Mientras aguardábamos en el salón de espera, un amigo cercano llegó para compartir con nosotros y orar juntos. Estábamos aún allí, tarde en la tarde cuando de momento, el cuarto comenzó a vibrar y temblar como resultado de un terremoto en Upland, a unas 25 millas de distancia.

La operación pareció marchar bien, aunque el esófago estaba tan fino como el papel de seda, como consecuencia de los jugos ácidos del estómago. Se había roto durante la operación pero pudo repararse. Durante la semana de hospitalización estuvimos muy agradecidos por los doctores y enfermeras competentes que Dios nos proporcionó.

Yo sabía en mi corazón que la vida de Matthew estaba en una balanza y me maravillaba de la seguridad que teníamos en el amor de Dios.

Los primeros días después de la operación, Matthew sufrió complicaciones y una infección. Norm y yo nos alternamos quedándonos en moteles cercanos al hospital o conduciendo hasta nuestra casa. Norm iba al centro de consejería durante el día y regresaba al hospital en la tarde. El me dio apoyo emocional y comprendió que yo necesitaba estar allí con Matthew, a su cabecera.

Diariamente, oraba por el teléfono con mi mejor amiga. Después de muchos años de orar juntas, pude comprobar el suministro de consuelo y fuerza que recibía para afrontar la crisis. Nosotros también éramos sostenidos por las oraciones de la hermana de Matthew, sus abuelas y nuestras otras amigas.

Una bella mañana, mientras iba conduciendo al hospital, escuché esta escritura por la radio: *"Por lo cual estoy seguro de que ni la muerte, ni la vida, ni ángeles, ni principados, ni potestades, ni lo presente, ni lo por venir, ni lo alto, ni lo profundo, ni ninguna otra cosa creada nos podrá separar del amor de Dios, que es en Cristo Jesús Señor nuestro"* (Romanos 8:38-39). La frase "muerte, ni la vida" parecía sobresalir. Sabía en mi corazón que la vida de Matthew estaba en una balanza, y me maravillaba de la seguridad que teníamos en el amor de Dios.

Era temprano, las enfermeras parecían aliviadas con mi llegada y me hicieron varias preguntas, ya que no podían comunicarse con Matthew. Me dejaron saber que mi presencia era necesaria. Yo sentía ahora que el ser su mamá era un gran privilegio. La principal pregunta era: "¿Cómo él demuestra que tiene dolor?" Ellas necesitaban saber cuándo debían darle la medicina. Yo estaba deseosa en ayudar de cualquier forma que pudiera, pero no podía contestar esa pregunta. (No tenían otra alternativa que medicarlo a intervalos regulares.)

A medida que lo visitaba diariamente, nuestro tiempo juntos fue especial. Le daba palmaditas a Matthew en la mano y le hablaba con palabras simples y llenas de amor. El no me respondía, pero sus ojos me seguían mientras me movía en la habitación. Era conmovedor verlo contento y apacible, aun durante sus momentos de incomodidad.

Yo podía experimentar la presencia de Dios durante el paso de los días en el hospital. Estaba segura de que El tenía el control, y sentía un efecto fortificador a causa de las oraciones de familiares y amigos. En esos días inclusive, pude alcanzar con el evangelio a una familia que estaba lidiando con un trágico accidente de motocicleta que sufriera su hijo, el cual le había causado un trauma masivo en la cabeza.

Después de una semana, una cirugía adicional fue necesaria. Después de la operación, Matthew se quedó en la unidad de cuidado intensivo. El había sido sedado fuertemente y estaba inconsciente. Tenía ocho tubos conectados a él, y estaba también conectado a un ventilador. Desarrolló desórdenes por síndrome de respiración de adultos. Nos esperanzamos cuando cedió la fiebre y se estabilizó la presión sanguínea, pero en pocos días nos dimos cuenta que no estaba respondiendo. Los doctores sintieron que él estaba en las manos del Señor. Nosotros oramos al lado de su cama para que la voluntad del Señor se hiciese.

Matthew se va a casa

Nos quedamos en casa la noche del 14 de marzo, en vez de quedarnos en el motel cerca del Hospital de Loma Linda. Me desperté a las 4:00 A.M. con la sensación de que Matthew estaba peor. Llamé al hospital, y los empleados confirmaron mis temores. Habían puesto el ventilador al máximo. Alrededor de las 7:00 de esa mañana, a medida que nos estábamos preparando para el día, recibimos una llamada telefónica. Era uno de los médicos de guardia, y me dijo: "Nos gustaría que viniera al hospital lo antes posible". Su pedido no necesitaba ninguna explicación.

Afortunadamente, pudimos avanzar a través del tráfico durante esas sesenta millas hasta el hospital. Ambos estábamos conscientes de que podrían ser las últimas horas de Matthew. No habíamos visto, durante días, ninguna respuesta favorable de su parte.

Norm y yo entramos a la habitación, y los doctores nos dijeron que los pulmones y el corazón de Matthew estaban fallando y podían detenerse en cualquier momento. Mi reacción inicial fue de gozo profundo lo que es posible que le sorprenda, si es que usted nunca ha tenido a un ser querido en estado de sufrimiento y muerte. Yo estaba sinceramente contenta por él, y exclamé: "¡Oh, él estará en la presencia del Señor hoy!" Sabía que terminaría con las luchas de este mundo, totalmente sanado finalmente ausente del dolor.

Ambos nos sentimos de esa forma. Pero también nos sentimos desamparados ya que no había nada que se pudiera hacer para que Matthew se sanara. A pesar de nuestra seguridad sobre un destino mucho mejor para Matthew, también sabíamos que estábamos enfrentando la mayor pérdida de nuestras vidas.

Le dijimos hasta luego a Matthew, y oré al lado de su cama, dándole gracias al Señor por nuestro precioso hijo y por Su provisión de vida eterna. Mientras estábamos allí de pie, vimos el pulso de Matthew declinar diez pulsaciones. Nos sentimos como si estuviésemos devolviéndolo a Dios y dijimos: "El es Tuyo, que se haga Tu perfecta voluntad con él". Creímos que Dios tenía algo mejor para él.

Las decrecientes señales vitales de Matthew, confirmaron la realidad de su muerte inminente. Los doctores dijeron que debíamos quedarnos allí o esperar en un salón para la familia, y escogimos lo último. Dentro de la hora, los doctores vinieron a decirnos que Matthew había muerto. Lloramos y hablamos con ellos. Dios fue verdaderamente amoroso y misericordioso cuando se llevó a Matthew a casa ese día, y nosotros nos sometimos a Su perfecta voluntad. Quizás otros no comprendan nuestra mezcla de sentimientos, pero todo eso lo entendemos. Nos sentimos con paz.

Aprendí mucho sobre Norm como consecuencia de la muerte de nuestro hijo. Me reveló su profundidad de emociones, amor y cuidado. Me sorprendió la ternura de sus sentimientos y la espontaneidad de sus lágrimas. Tomamos una mejor conciencia de nuestra unidad a medida que compartimos nuestro dolor y convenimos cómo el Señor nos había preparado sabiamente para este momento. Las lágrimas también han sido útiles para mí. A menudo se asoman durante una experiencia de alabanza, y me hacen consciente del consuelo del Espíritu Santo y la sanidad en mi corazón.

Los próximos días estuvieron ocupados con los preparativos para el funeral y atendiendo a las personas en sus llamadas y visitas para expresar sus sentimientos. La mañana del servicio parecía estar marchando bastante bien hasta que Sheryl trajo su propia creación de flores en una canasta. Ella también había puesto un pequeño juguete, junto con nuestra foto favorita de ellos dos. Esto desató un torrente de lágrimas que parecía no tener fin. Pero cada vez que lloramos, nos dimos cuenta que necesitábamos hacerlo y que estábamos usando uno de los dones de Dios para nuestra consolación.

El servicio fue inspirador, de aliento y consuelo. Nuestro pastor, el doctor Lloyd Ogilvie, tomó varios minutos para leer pasajes de la Palabra de Dios, y nos sorprendió el gran consuelo que es simplemente escucharlas.

El terminó el servicio con las siguientes palabras:

"Y Jesús dijo, excepto que te vuelvas como un niño no podrás entrar en el reino de los cielos". Nos hemos reunidos con la seguridad de que Matthew, aunque niño en espíritu, conocía esa relación con Jesucristo que hizo de su muerte una transición en medio de los vivientes. Y como compañerismo de nuestra fe en esta tarde, nosotros reivindicamos lo que Pablo ha dicho: "Nuestros cuerpos son sembrados en debilidad pero levantados en poder". Esto es ahora una verdad para Matthew. ¿Desvalido? Yo diría "incapaz de actuar", porque la mayoría de los atributos que desarrollamos en la vida nos alejan en vez de acercarnos al Padre. Una simple confianza que conocimos de niños es a menudo cegada por el crecimiento de nuestras teorías, nuestra supuesta madurez. Una y otra vez, cada día de nuestras vidas, tenemos que volvernos niños de nuevo y correr a nuestro Padre y conocer Su amor y Su perdón.

La ida al hogar

Usted puede imaginarse que la compañía del cielo hoy, tiene una nueva voz. Es la voz de Matthew cantando con los ángeles y arcángeles alrededor del trono de Dios, perfeccionado en Cristo. ¿Un milagro? Oh, sí. Pero el milagro de Dios se nos ofrece a cada uno de nosotros en esta tarde. Si este hubiera sido nuestro día, ¿iríamos corriendo a nuestro Padre con la misma confianza y el conocimiento pleno de que vamos a pasar la eternidad con El?

¡Oh, Matthew le enseñó tanto a su familia! Y él continúa enseñando hoy día. Pero no hay nada que podamos hacer para lograr nuestra justificación con Dios. No hay nada que podamos decir o hacer o escribir o hablar que haga que Dios nos ame más de lo que El nos ama ya. Eso fue lo que Matthew enseñó y nos sigue enseñando con lo que fue su vida. Mucho tiempo de nuestras vidas se utiliza para lograr cosas que pensamos que harán que Dios se fije en nosotros. Pero El nos ama de la forma que somos, como El amó a Matthew.

Una de mis historias favoritas en las que pienso a menudo es sobre ese mensaje enviado por "semáforo" sobre la batalla de Wellington en Waterloo. ¿Usted se acuerda? Fue interrumpido en la mitad cuando las nubes descendieron sobre el Canal Inglés. El mensaje estaba diciendo: "Wellington derrotado..." y entonces la niebla descendió y el resto del mensaje no llegó a Inglaterra hasta 48 horas más tarde. Cuando ascendió la neblina, el semáforo completó el mensaje: "Wellington derrotó al enemigo".[*]

---

[*] Esto es un juego de palabras en inglés donde parece ser que el derrotado fue Wellington, cuando en realidad fue el enemigo, pero que en español es imposible conjugar. *Wellington defeated... Wellington defeated the enemy.*

Nuestra fe en Cristo es que Matthew derrotó a todos los enemigos —el enemigo de la incapacidad, de imperfección y muerte—. Y su voz ahora no tiene solamente ocho o diez palabras sino mil lenguas para cantar alabanzas a Cristo, y en eso nos regocijamos. ¡Aleluya, aleluya, aleluya!

Nosotros apreciamos mucho el sermón del doctor Ogilvie y su uso abundante de las Escrituras, por la fuerza que nos dio. Siguiendo el mensaje, un amigo y compañero de Westmon, Paul Sandber, concluyó el servicio cantando "No más noche". Las palabras de una porción de esta canción de esperanza y triunfo fueron: "No más noche, no más dolor, no más lágrimas, nunca volveré a llorar. Alabanzas al gran Yo Soy, viviremos en la luz del Cordero resucitado".[1]

Otras pérdidas

El perder a Matthew fue un tremendo golpe por sí solo. Pero al igual que cualquier gran pérdida, causó un número de pérdidas adicionales o secundarias. La rutina que habíamos seguido durante años se había ido para siempre. No miraríamos más a través de los catálogos para seleccionar su ropa especial para dormir. No tendríamos los fines de semanas especiales, en el cual él vendría a casa y se quedaría a dormir, ni tampoco podríamos detenernos en el Hogar de Salem para sacarlo a comer. En su lugar, pasaríamos de largo por frente a donde él solía vivir y seguiríamos nuestro camino por la carretera.

Nos encaramos a futuras pérdidas también. Matthew ya no estaría más en el día de Dar Gracias o en Navidad, ni tampoco podríamos sacarlo a la Granja de Knott's Berry por su cumpleaños. Esas pérdidas podían ser anticipadas, pero cada semana trajo otras que no esperábamos. (Si Matthew hubiera estado viviendo en casa, hubiera habido pérdidas diarias.) No podíamos llamar a Salem más, para saber cómo él estaba, un tópico de nuestra conversación se había ido y ciertas frases o expresiones que le decíamos, ya no serían expresadas.

En ocasiones la forma en que descubríamos las pérdidas eran por sorpresas. Ocho meses después que Matthew murió, adquirimos un perro. Por años habíamos criados "shelties", pero ahora habíamos escogido un cachorro "golden retriever" al que le llamamos Sheffield. Un día yo iba caminando por la cocina, y a través de la puerta, escuché a Joyce diciéndole algo a Sheffield que me paró en seco. Yo abrí la puerta y le pregunté, "Joyce, ¿qué le estabas diciendo a Sheff?"

Ella me contesto: "Oh, solamente le estaba diciendo, 'Hola, tú,' mientras jugaba con él".

Entonces fue que se dio cuenta, como me pasó a mí, que ella había frecuentemente usado esa expresión cuando estaba hablándole a Matthew. Nosotros no la habíamos oído por un largo tiempo, y sentimos su pérdida de nuevo.

Otro día, llevamos el perro al veterinario para chequeo y vacunación. Joyce envolvió a Sheffield en una toalla grande y lo sostuvo en sus faldas mientras conducíamos. A mitad de camino, ella comenzó a llorar, yo la miré y le pregunté qué le pasaba. "Acabo de darme cuenta que esta es la misma toalla que siempre usaba con Matthew cuando lo bañaba en casa, y que ya no la usaré más con él —me dijo—, yo quiero guardar esta toalla y recordar esos alegres baños de burbujas". Una vez más, sentimos la intrusión de la pérdida.

Un amigo que conocía la historia de Matthew y de cómo nos preparamos para su llegada y luego, para el traslado al Hogar de Salem, me preguntó: "Norm, Dios te preparó para la venida de Matthew y luego la entrega al Hogar, pero ¿cómo te preparó para su muerte?" Yo me quedé sorprendido, y en el momento no pude responderle. Pero luego, a medida que reflexioné en la pregunta, se me hizo claro. Sobre los seis o siete años anteriores a la muerte de Matthew, yo había estado enseñando y escribiendo más y más en el área de consejería de crisis y recuperación del dolor. Toda esa preparación nos ayudó a aceptar lo que estábamos experimentando y sintiendo durante nuestra pérdida. Una vez más, podíamos ver la obra providencial de Dios obrando en nuestras vidas.

La gracia de Dios

A través de la muerte de Matthew, conocimos una nueva forma de la gracia de Dios. Vino a través de la respuesta de amigos, personas que conocíamos, y otros que nunca habíamos conocido. Aprendimos sobre el valor de sus palabras, su presencia silenciosa, y sus llamadas telefónicas que continuaron no solamente por unas cuantas semanas sino por años. No fuimos olvidados, tampoco lo fue Matthew. Cuando hablo sobre el impacto de su vida en nosotros como individuos y como matrimonio, como lo he venido haciendo por años, me doy cuenta que siempre tengo un segmento impresionante de su historia que relatar. Y de nuevo, vemos cómo Dios usa ese aspecto de su vida para ministrar a otros. Tal parece que ahora tenemos un nuevo ministerio para los padres que han experimentado la muerte de un hijo. Esa es la forma como Dios toma los problemas de nuestras vidas y les da un significado más profundo.

A través de la muerte de Matthew, aprendimos de una nueva forma de la gracia de Dios.

De las muchas respuestas que recibimos, nos gustaría compartir dos de ellas con usted. Unos pocos días después del servicio en su memoria, recibí una nota por correo con un salmo original. Fue escrito por uno de mis antiguos estudiantes de seminario, que es ahora un profesor en el departamento de Educación Cristiana en Talbot Graduate School of Theology, donde yo fui su profesor. El dijo que había "jugado un poco con la escritura creativa" y deseaba compartir sus ideas con nosotros.

Esto es lo que me envió, lo cual queremos publicar con el permiso de él:

> Un salmo sobre la pérdida de un tesoro.
>
> SEÑOR, tú nos dijiste que no nos hiciéramos
> tesoros en la tierra.
> Dijiste que la polilla y el orín lo corromperían
> y los ladrones entrarían y lo robarían.
> Nos dijiste, SEÑOR,
> que hiciéramos nuestros tesoros en el cielo.
> Tú prometiste, SEÑOR,
> que la polilla y el orín no lo corromperían
> y Tú prometiste, SEÑOR,
> que los ladrones no podrían robarlo tampoco.
>
> Bueno, esto es lo que ellos hicieron, SEÑOR.
> Esto es lo que mis amigos hicieron.
> Mis amigos Norm y Joyce pusieron su tesoro en el cielo.
> Sí, ellos lo hicieron.
> Ese tesoro que Tú les dieras tantos años atrás
> Ese tesoro que ellos conocieron temprano,
> no era perfecto.
> Ese tesoro que necesitaría tanto de ellos;
> pero no era por eso de menos valor.
> Ellos llamaron al tesoro, Matthew, y le amaron;
> Oh, ¡cuánto le amaron!
>
> En tan sólo una brevedad de minutos, ellos supieron que
> algo andaba seriamente mal.
> Matthew no era como otros Matthews, o Andrews,
> o tesoros con cualquier otros nombres.
> Matthew era diferente, y ellos llegaron aun
> a amar la diferencia de su tesoro.
>
> Ahora, SEÑOR, ahora,...¿Qué acerca de tu promesa?
> Tú prometiste que ladrones no lo robarían.

SIEMPRE TE AMARE

Yo y mis amigos creemos tu promesa.
Pero su tesoro ha sido quitado de ellos.
¿No es eso robar?
O.K. Tú tomaste el tesoro.
Y yo y mis amigos no sabemos en realidad por qué.
Pero, Tú lo hiciste y quizás un día yo pueda decir,
"Está bien"
Pero ahora, yo no puedo.
Me pregunto si mis amigos pueden decirlo.
Yo no sé, pero si ellos pueden, ellos te conocen
mejor que yo, supongo.

Pero ¿qué de su tesoro, Matthew?
¿Está él corriendo y jugando en tu cielo hoy?
¿Puede él hablar y decir cosas como
"helado" y "dulce de chocolate" y "vamos a pescar"?
¿Cosas que él nunca pudo decirle a Norm y Joyce?
Puede él reírse y abrazar y gritar y decir
"¡Te amo, Mami!"
Quizás a mis amigos le va a gustar
lo que has hecho con su tesoro.
Quizás tan solo "desde una gran distancia"
ellos podrán ver su tesoro de nuevo
y dirán, "¡Bueno, es maravilloso!"
Quizás ellos ahora están comenzando a entender
que Matthew es en realidad TU tesoro.
Yo no entiendo exactamente eso
pero quizás mis amigos sí.

¡Ayúdales SEÑOR!
Por favor sé para ellos lo que yo deseo ser;
pero no puedo.
Quizás tú puedas decirle a Joyce,
"Te amo, mami",
y ella pueda entender.
Quizás tú puedas decirle a Norm,

"Vámonos a pescar, papi",
y él sabrá lo que eso significa.

Gracias, SEÑOR, por entenderme
y por consolar a mis amigos.
Te amo,
y yo sé que ellos también.[2]

Siete meses más tarde, recibí la siguiente carta de alguien que nunca había conocido. Una vez más, Joyce y yo nos quedamos asombrados de la profundidad del cuidado y la compasión que existe en el pueblo de Dios:

Hace tres semanas, recibí mi revista *Enfoque a la Familia* donde hablaban de su aparición en el programa del doctor Dobson. El tema del programa era, como usted sabe, sobre la muerte de un niño mentalmente impedido, su hijo, Matthew. Mi hijo Michael se fue al hogar con el Señor el 21 de agosto de 1990. Le extrañamos mucho, sin embargo, sé que él está en los brazos del Maestro. No me arrepiento de que mi hijo haya nacido, ni de su muerte, porque ambos eventos fueron un comienzo y una sanidad. Yo tuve problemas durante los catorce años que Mike no fue normal.

Michael sufrió mucho durante un parto difícil en el Hospital Balboa. Los doctores en ese momento no podían decirnos nada sobre el futuro de Mike. A las tres semanas, él se puso grave y fue llevado de emergencia a la clínica Naval más cercana y de allí fue llevado al Hospital Sharp, en San Diego. La clínica Naval no tenía una máscara de oxígeno lo suficientemente pequeña para asistir a un infante, así que Mike tuvo que hacer el viaje de quince millas, recibiendo oxígeno de boca a boca. Los gases de la sangre estaban por debajo de cinco, y luego nos dijo un doctor, si él hubiera sido un adulto, hubiera sido declarado muerto a su llegada. Sin embargo, con los bebés ellos aplican un criterio diferente para las emergencias.

Michael estuvo en el hospital durante dos meses y le dieron de alta. Un doctor me dijo que no podía predecir el futuro de Michael, su trabajo se limitaba a salvarle la vida. Yo era una madre joven, felizmente casada (y aún lo estoy) con un marinero joven. Shawn y yo llevamos a casa un pequeño varón muy mimado que nos asustaba en gran forma. Los doctores me dijeron que echara en la basura mis libros de bebés porque Michael no progresaría al nivel de un niño normal. Michael no sostenía su cabeza sin ayuda y nunca se chupó su dedo, sostuvo un juguete, se viró, habló, gateó o se sentó. Sin embargo era nuestro, y nosotros le amamos. Nadie podía decirnos nada. Michael sería lo que Dios quisiera, y ¿por qué Dios daría a dos buenos cristianos un bebé dañado? La sanidad o mejoría estaba en camino. Mi pequeño varón siempre sería un bebé, sin progresar más allá de tres semanas.

Un día, mientras hablaba con mi hermano mayor, le llegué a decir que Dios nos había dado a Michael con un propósito, y que yo solamente necesitaba descubrir cuál era. Mi hermano me miró y dijo: "Cat, Dios no dañó a Michael; él fue dañado porque su nacimiento no fue atendido correctamente. A mí no me molesta que tú busques a Dios para la asistencia de Michael, pero sí me molesta de que culpes a Dios".

En ese momento, me di cuenta, que el deseo de Dios es que todas las madres y padres tengan bebés perfectos. El pecado hizo de las intenciones o resultados las diferencias o dificultades. Mi bebé no había hecho nada para merecerse esto, sin embargo el hombre se había preguntado "¿Por qué?" El hombre ciego en la puerta fue la fuente de la pregunta: "¿Por qué él es de esta forma?" ¡Para mostrar la gloria de Dios ese día!

Mi hijo tocó cada vida con la que estuvo en contacto. Nadie dejó de ser conmovido por este pequeño niño. El te obligaba a bajar la velocidad.

Michael hizo posible para que Shawn y yo que aceptásemos a nuestro hijo Nathan. Nate nació el 20 de diciembre de 1978. El tuvo un virus antes de nacer y tuvo parálisis cerebral severa y es retardado mental. El es mi bebé contento, "alegre". Nate fue seguido cuatro años después por Emily, ella es mi hija de fe. Aunque ni Michael o Nathan tienen problemas genéticos, yo no creo en el aborto y sabía que si un problema podía ser heredado, yo no tendría más niños. Pero la vida es muy especial para mí, para yo decidir quién vive y quién no. La habilidad de dar la vida es maravillosa y especial. Dios le dio la vida a Adán. Eso pone un nivel de importancia en esta decisión que no es mía tomarla. La vida debe ser protegida.

Una vez, en una reunión de mujeres, una mujer me dijo: "Con los hijos que tiene, usted debiera tener opción, (en cuanto al aborto). De esa forma su familia no sufriría".

Yo la miré y le dije, "¿Dónde trazamos la línea? Niños retardados, incapacitados físicamente, desfigurados?" Quizás alguien decidirá que *ella*, no llena la medida. Ella se quedó en silencio por unos momentos.

Yo le he cansado contándole mis cosas, y gracias por su tiempo. Michael ha estado en casa por dos meses. El cielo tiene mucha suerte. Yo no puedo honestamente decir que estoy contenta de que él se haya ido. Lo extraño tanto. Me gustaría besar sus dedos y frente, mirar sus ojos castaños. Y aún estoy contenta de que él puede caminar y hablar. Me hubiera gustado mucho el poder haber escuchado su voz. Michael era una presencia en esta casa. Hoy le dije a mi madre, para el mundo es como si Mike no existiera, pero para mí y su padre, hermana y familia, tenemos un vacío que necesita ser llenado. Dios ha sido bueno. En Salmos 27:1, El me habla, "Jehová es mi luz y mi salvación".[3]

¿Necesitamos decir más?

4
Manejando las noticias de la pérdida

El explicar los sentimientos de una pérdida a alguien que no ha estado allí, es difícil. No hay nada semejante. Quizás la palabra *devastación* es lo que mejor que lo describe. ¿Recuerda las escenas de la televisión sobre los motines en Los Angeles, en el año 1992? A medida que los motines cedían y un sentido de calma se establecía sobre la ciudad, las personas regresaron para ver lo que en una ocasión habían sido sus hogares y tiendas. La mirada en sus rostros decían la historia mientras se sorprendían ante la devastación.

Durante el mismo año, escenas de devastación aparecieron una y otra vez, solamente que en esta otra ocasión fue por los huracanes Andrés e Iniki. Vimos los vientos crecer hasta que destrozaban techos y rasgaban las casas, pedazo a pedazo. Después que pasaron las tormentas y los vientos se calmaron, un silencio extraño se asentó sobre las áreas más azotadas. Las personas se abrían camino entre los escombros hasta poder encontrar los lugares donde antes vivían. Era triste verlas recogiendo entre los escombros, buscando algo que pudiera ser rescatado y restaurado.

En ocasiones usted podía ver un rayo de esperanza mientras encontraban algo de importancia para ellos. En el próximo momento, la frustración y el enojo regresaban cuando lo que tenían en la mano se desbarataba. Ellos buscaban en medio de una pila tras otra de escombros, encontrando a veces algunos utensilios que para nosotros pudieran lucir insignificantes pero para ellos era todo lo que tenían disponible. Lo que antes no parecía tener gran significado, ahora tomaba una nueva perspectiva. Frente a tal pérdida, los valores cambian. Los estilos de vida son alterados. Las expectaciones que antes eran tan queridas, ahora sufren una cirugía radical. Los sobrevivientes se preguntan qué pasará con ellos, cómo lograrán continuar. Por supuesto, las preguntas no pueden ser contestadas, porque nadie sabe el futuro. Cuando usted sufre una pérdida seria, la trivialidad bien intencionada de algunos suena vacía e insensible y en ocasiones te molesta. ¿Cómo ellos sabían lo que iba a suceder?

Tú sigues regresando a estas preguntas: "¿Por qué? ¿Por qué yo? ¿Por qué nosotros? ¿Por qué ahora?"

Además usted está aturdido. Está pasmado. La pérdida no era esperada. No es lo que deseaba. ¡Cómo se atreve invadir su vida y desorganizarlo todo!

Sigue regresando a estas preguntas: "¿Por qué? ¿Por qué yo? ¿Por qué ahora?" Con el tiempo, a medida que el estupor va pasando se pregunta cómo sobrevivirá, porque está exhausto de estar arriba continuamente de un carrusel emocional. Eventualmente las preguntas se vuelven en: "¿Qué voy a hacer? ¿Cómo lograremos pasar por esto? ¿Qué tenemos que hacer para sobrevivir?" Cuando las personas fueron entrevistadas después de los motines y huracanes, una tras otra hicieron las mismas preguntas, y sus rostros reflejaron el mismo dolor y emoción pasmosa.

La reacción de las víctimas de los motines y huracanes son muy similares a las reacciones de los padres a quienes se les dice que su hijo ha nacido con una incapacidad, tiene una enfermedad terminal, está envuelto en las drogas, ha perdido la audición en un accidente, o que va a morir en la próxima hora. La reacción de los padres debe ser más intensa, porque la tragedia envuelve a una persona, un hijo amado. (Aunque me estoy enfocando en la pérdida de la propiedad durante los motines y huracanes, yo sé que muchas vidas también se perdieron.)

Algunas casas y tiendas pueden ser reconstruidas. Otras se quedarán como están, reflejando la destrucción en los años venideros. Las pérdidas de sueños, bienes, y seguridad económica pueden ser abrumadoras. Pero en un motín o huracán usted no se siente tan solo, porque otros alrededor suyo están pasando por la misma experiencia. Sin embargo cuando algo le pasa a su hijo en otras circunstancias normales, usted se siente aislado. La vida continúa su curso regular para todo el mundo alrededor suyo. La rutina continúa para ellos. Pero para usted todo se ha detenido.

Cuando recibe las noticias de su pérdida, usted es arrebatado de su seguridad, de la rutina familiar de su vida, y llevado hacia lo temeroso y ajeno. La incertidumbre lo mantendrá fuera de balance. Después de pasar el estupor, sus compañeros serán el temor, el enojo, la ansiedad, la tristeza, la depresión, la histeria y la culpa.

La etapa inicial: conmoción

La respuesta inicial de estupor y los aturdimientos que le acompañan pueden ser un don de Dios, porque El nos creó para que reaccionáramos de esta forma protectora. La conmoción nos da tiempo de sustraernos de la agudeza del dolor. Nuestro estupor se tornó en una anestesia emocional que nos ayudó a desarrollar el mecanismo necesario para manejar la noticia y sobrevivir el asalto. Esto es saludable; es en realidad la primera etapa en el proceso de sanidad.

He hablado con padres que han vivido con su conmoción y aturdimiento apenas un solo día; otros se han quedado en esa etapa por semanas y meses. Si un hijo normal fue herido y quedó incapacitado, o si él parecía normal y luego fue diagnosticado con una incapacidad, es posible que los padres se queden más tiempo en ese estado. A veces un padre se mueve adelante pero el otro se queda atrapado. Yo trabajé con una madre que se quedó atrapada en esta etapa por más de dos años.

Si la conmoción persiste por varios días o semanas, se puede convertir en un visitante indeseable y perder su valor. Algunos padres se agarran al aturdimiento como una forma de amurallarse ellos mismos contra el dolor que está empujando para penetrar de nuevo y el dolor interior que está luchando por salir afuera. En el momento puede que luzca seguro y confortable mantener todas esas crecientes emociones enterradas. Después de todo, esos sentimientos tan intensos duelen e interrumpen las vidas. Al menos que los padres permitan que se levanten sobre el aturdimiento y se enfrenten adecuadamente, ellos nunca irán más allá del dolor. Nunca funcionarán completamente de nuevo. Ellos nunca encontrarán respuestas aceptables. Y aquellos que tratan de mantener el problema como secreto o como algo sin importancia, son los que tendrán la mayor dificultad.

Cuando el agua se congela, las moléculas se expanden con suficiente poder para reventar las tuberías. Así que cuando nosotros cerramos una cabaña en la montaña durante el invierno, tenemos que sacar toda el agua de las tuberías, si es que deseamos que funcione apropiadamente la próxima primavera. Al igual que las moléculas congeladas del agua, así también las emociones congeladas toman un poder fuera de proporción con su naturaleza original. Durante el dolor, es importante mantener los canales abiertos para que los sentimientos fluyan cuando sea necesario.

Algunos de nosotros dejamos salir los sentimientos verbalmente porque esa es la mejor manera que sabemos hacerlo. Otros encontramos otras alternativas. No debemos compararnos nosotros mismos con otras personas y decir que tal forma de escape es la única forma o la mejor forma. Usted puede emplear mucho tiempo trabajando en su patio o corriendo, pero no habla de sus pérdidas. Otros pueden que estén preocupados porque usted no está lidiando con su pérdida, pero puede que usted lo esté haciendo a su manera. Sin duda, usted se beneficiará al verbalizar sus sentimientos.

Las personas usan formas muy peculiares de enfrentarse a lo perdido. Un hombre vivía cerca de sus padres en una granja adyacente. Una noche, la casa en la que había nacido y se había criado se quemó hasta los cimientos, con su padre adentro. La respuesta del hombre a tal tragedia sorprendió a otros miembros de la familia. El se quedó en silencio mientras todos lloraban y hablaban de la pérdida. Luego él pidió prestado una niveladora y comenzó a nivelar los escombros de la casa.

La lluvia había detenido el fuego, y esa fue su manera de enterrar a su padre. El trabajó durante horas, ni siquiera se detuvo para comer o descansar. Cuando llegó la noche, ignoró el ruego de los miembros de la familia para que cesara durante la noche, y continuó nivelando los restos de escombros, una y otra vez.

Durante la mayor parte de sus vidas, el granjero y su padre habían trabajado juntos en el campo. Ellos no hablaban mucho ni compartían sentimientos. Pero tenían una relación estrecha y cuidadosa.

Usted y yo puede que nos lamentemos con lágrimas, pero ese hombre se lamentó con su niveladora prestada. Era su expresión personal de palabras y lágrimas. El lloró al trabajar la tierra una y otra vez hasta que nada era visible. Le dio a su padre y a la casa un entierro apropiado, pero a su manera. La tierra, que en cierto sentido era el cementerio de su padre, estaba ahora lista para ser cultivada, y él lo haría. Si usted le pregunta al hombre por qué lo hizo, no podría darle una respuesta. El no sabía por qué, pero él hizo algo con su dolor, y era probablemente lo mejor que podía haber hecho.

¿Qué es lo que usted necesita durante la fase inicial de la pérdida? Necesita aceptar sus sentimiento. Necesita un medio ambiente que le ayude a sanar su dolor y heridas. Evite a las personas que están llenas de consejos y repitan la frase "te lo dije" o "los cristianos espirituales se reponen de su dolor más rápidos que los otros".

Aquellos que salen a buscar ayuda inmediatamente, encontrarán consuelo y lo más probable será que se conviertan en sobrevivientes. Pero usted tiene que afligirse primero. Es inevitable para poder continuar. Yo no me di cuenta por completo, cuando recibí la noticia sobre Matthew. Lo único que sabía es que dolía, mi vida era interrumpida, y no me sentía en control de ella.

Usted tiene que reconocer la aflicción y permitirle que salga a la superficie.

Usualmente asociamos aflicción con muerte, pero cualquier pérdida conlleva aflicción. Y cuando se tiene un incapacitado, un herido, o cuando se tiene a un hijo rebelde, no solamente uno se aflige por un tiempo y luego sale de esa aflicción para encontrar que todo ha pasado. Es más bien el vivir con una constante fiebre y de vez en cuando librarse de ella. Este ir y venir a través de la vida de la experiencia, variará con cada persona.

Usted tiene que reconocer la aflicción y permitirle que salga a la superficie. Cuando no es reconocida, la aceptación completa y el ajuste a la situación se hace aún más difícil que lo usual. Eso es una tragedia no solamente para usted si no para su hijo también.

No hay nada heroico ni noble sobre la aflicción. Es dolorosa. Es trabajo. Es un proceso consumidor. Pero es necesario para todo tipo de pérdida. Ha sido catalogado de todas formas, desde una angustia mental intensa, a tristeza aguda, a profundo remordimiento.

Emociones fuera de control

Numerosas emociones que envuelven el proceso de la aflicción parecen estar fuera de control y a menudo lucen estar en conflicto unas con las otras. Con cada pérdida viene amargura, vacío, apatía, amor, enojo, culpa, tristeza, temor, lástima propia, y desamparo. Estos sentimientos

se unen con la congelación emocional que cubre el terreno con hielo sólido, y hacen que los movimientos en cualquier dirección luzcan peligrosos y precarios. El crecimiento está escondido, el progreso parece bloqueado, y uno frustrado y desarmado, especula que tan solo porque los azafranes atravesaron la nieve el año pasado, no es razón para creer que pueden hacerlo de nuevo en este año. No es una imagen bonita.[1]

Epocas de depresión, enojo, calma, temor y eventualmente, esperanza vendrán, pero ellas no siguen las unas a las otras de forma progresiva. Ellas se entrelazan y a menudo saltan juntas. Cuando piensa que ha pasado una, ésta regresa súbitamente por su puerta de nuevo. Usted finalmente se sonríe, pero luego regresan las lágrimas. Ríe, pero la nube de depresión pasa una vez más. Es normal. Es necesario. Es sanidad.

El sufrimiento del afligido nunca es constante. Olas de dolor se alternan con arrullos de alivio momentáneo. Inicialmente, por supuesto, en situaciones de aflicción aguda, las olas son intensas y frecuentes. Gradualmente, a medida que va sanando, las olas son menos intensas, menos prolongadas y menos frecuentes.

Nos podemos casi imaginar el patrón de olas en una gráfica, como olas de radio. Cada cima representa una montaña de dolor, cada valle un remanso de reposo. Al principio, las cimas son altas y prolongadas, los valles son estrechos y cortos, y la frecuencia es alta. Poco a poco, las cimas se hacen más suaves, los valles más largos, y la frecuencia aminora.

Gradualmente, muy gradualmente, la tormenta se aquieta. Sin embargo meses y años después, una ola aislada puede aún venir e irrumpir en la orilla. En fiestas sentimentales, por ejemplo, los recuerdos de los seres queridos ya perdidos, son a menudo crudos. "Cada Navidad —dice una viuda, una mujer de mediana edad—, después que toda la agitación termina, yo me siento y tengo un buen llanto". Periódicamente, una ola de aflicción aislada, da con ímpetu en contra de la orilla de algún alma.[2]

Algunos padres se afligen en cada cumpleaños de su hijo incapacitado, por ambos —por ellos y por el hijo—. Los tres extrañan lo que pudo haber sido.

Cuando la aflicción toca, nos afecta psicológicamente a través de los sentimientos, pensamientos y actitudes. Nos afecta socialmente a medida que cambiamos relaciones con otros. Nos afecta físicamente en la salud y en los síntomas de nuestro cuerpo.

La aflicción encierra varios cambios. Aparece diferente en varios momentos y revolotean dentro y fuera de nuestra vida. No es una respuesta anormal. En realidad todo lo opuesto es verdad. La ausencia de la aflicción es anormal. La aflicción es nuestra experiencia personal. Nuestra pérdida no tiene que ser aceptada o validada por otros para que experimentemos una expresión de aflicción.[3]

¿Por qué la aflicción? ¿Por qué tenemos que pasar por esta aflicción? Las respuestas de la aflicción expresan básicamente tres cosas:

1. A través de la aflicción, usted expresa sus sentimientos sobre su pérdida, y hay muchos de estos sentimientos.

2. A través de la aflicción, usted expresa su protesta de la pérdida, al igual que su deseo de cambiar lo sucedido y que no hubiera sido cierto.

3. A través de la aflicción, usted expresa los efectos que ha experimentado del impacto devastador de la pérdida.[4]

La aflicción incluye ese sentimiento de tristeza y depresión. En ocasiones es entonces cuando el dolor es más intenso, porque no hay ansiedad o enojo que la cubra. Su acompañante serán las lágrimas ahora. Y yo espero que ellas estén en el exterior. Muchas personas, especialmente hombres, pueden llorar solamente por dentro.

El problema con las lágrimas es que usted nunca sabe cuando ellas surgirán. Como muchos han dicho, cuando se experimenta una pérdida mayor, termina uno siendo emboscado por la aflicción. Yo comprendo esta declaración mucho mejor desde la muerte de Matthew. Nunca sabré lo que motivará las lágrimas de nuevo.

Un visitante no invitado

Uno de los visitantes no invitado en este tiempo será la culpa. Es una respuesta muy normal, cuando se tiene un hijo que está incapacitado o alejado, o aun cuando se pierde un hijo por muerte. Es muy fácil caer en un patrón de pensamiento que echa la culpa a sus pies, y usted termina creyendo que el problema se debe a algún fallo de su parte. Desafortunadamente, algunas culturas, promueven este tipo de pensamiento.

Los sentimientos de culpa generan más y más dolor. En ocasiones los padres *sí ocasionaron* problemas al hijo. He visto hijos incapacitados por causa del uso del alcohol de la madre durante su embarazo, el fallo del padre de no asegurar al niño al asiento del auto, o por abuso o negligencia de los padres. Pero aun la culpa justificada, después que ha sido reconocida y experimentada, no puede ser mantenida. El sumergirse en la culpa no resuelve el problema; solamente lo complica. Genera más dolor para usted, el niño, y todos los demás en la familia. La culpa necesita ser abandonada.

El rechazo se apoderará de su vida también. El aceptar lo que ha sucedido puede ser difícil, como lo puede ser el aceptar al hijo, ya sea que el problema sea una incapacidad o el rechazo de sus enseñanzas y valores. He visto algunas situaciones donde el rechazo es permanente. Algunos padres se vuelven "objetos" madres y padres, proveyendo automáticamente las necesidades físicas de la vida, sin embargo, el hijo se siente rechazado por la escasa provisión espiritual. El rechazo ocurre a medida que los padres usan negaciones excesivas, estupor o aflicción para crear una distancia permanente entre ellos y su hijo.

Siempre que sentimos dolor, la respuesta usual para protegernos nosotros mismos de ese estado de vulnerabilidad es enojo.

El rechazo es en realidad una etapa normal de la aflicción, pero en ocasiones, desafortunadamente, toma ventaja. Puede ser una de las causas del deterioro y eventualmente la rotura de un matrimonio. Usted tiene que tener tremendo coraje emocional para admitir y enfrentar todos sus sentimientos, aun aquellos que detesta. Pero si no los acepta, puede que usted no se acepte completamente a sí mismo.

Quizás tenga días cuando usted está aceptándolos y otros cuando los está repudiando. Admita por sí mismo esos sentimientos. Encárelos. Coméntelos con otra persona, y especialmente vaya delante del Señor con ellos. Háblele a El en voz alta, como si estuviese hablando con un amigo en la misma habitación.

No retenga sus sentimientos, no importa lo desagradable que ellos sean. Nadie es (o debía ser) juzgado por ellos. Usted probablemente sea más severo con usted mismo, que nadie más. Algunos hijos no son lindos cuando nacen con cierta condición o cuando están en cuidado intensivo, prácticamente irreconocibles por causa de todos los tubos que le salen de sus cuerpos. Acepte sus sentimientos de rechazo como normales.

Uno de los sentimientos más incómodos, y sin embargo, uno de los más comunes, es el enojo. Cuando sentimos dolor, la reacción común de protegernos nosotros mismos de ese estado de vulnerabilidad es el enojo. Es una reacción normal, pero puede ser la más difícil de manejar de todas las emociones. Nos da miedo. Nos atemoriza la intensidad del sentimiento, de la posibilidad de perder control, y de lo que seamos capaces de hacer.

En muchos casos de niños incapacitados, la causa es desconocida. Así que aunque el enojo y la protesta estén presentes, es difícil saber por qué se está airado. El no tener una dirección clara para su enojo es incómodo. Todas las cosas y las personas terminan siendo un potencial para blanco de su enojo con estos sentimientos de irritación. Usted tiene un sentido vago de insatisfacción con la vida y un sentido vago de ansiedad. Estos sentimientos alimentan el enojo, y comienza la búsqueda de un receptáculo apropiado donde descargar sus sentimientos.

A menudo, el enojo activa sentimientos de culpa también. Algunos padres desean que sus hijos incapacitados, sencillamente hubiesen muerto para así aliviar las tribulaciones de la familia que ellos preveen venir por años y años. Un hijo que se revela puede ser una fuente de vergüenza, y los padres desearían que el hijo desapareciera. Su enojo puede expresarse mediante preguntas que se hace usted mismo:

"¿Por qué yo?"
"¿Por qué, Dios, por qué? ¡No es justo!"
"¿Qué hemos hecho para merecer esto?"
"¿Cómo podremos cuidar a este niño con tantas necesidades?" Si usted está en esa situación, puede aparecer la frustración por la falta de respuestas y el poco sentido de todo. Sus sentimientos fluctúan, según lo describe este padre de un niño incapacitado:

> Es posible que usted se sienta enojado con el niño pero luego elimina el enojo razonando, sabiendo que el niño no tiene culpa para merecer el enojo, excepto existir, y aun así esa no fue la elección del niño, fue la suya. Puede que entonces usted rechace al niño como un blanco de enojo porque luce ilógico y por lo tanto es inaceptable. Añadido a esto, es posible que usted se sienta muy incómodo con el rechazo consciente de su propio hijo, y no se permitirá usted

mismo el experimentar los sentimiento de enojo hacia el niño. En algunos casos, no obstante, usted puede estar tan sobrecogido con su enojo, que el niño se convierte en chivo expiatorio para todo lo que anda mal en su vida. El abuso de niños es mayor en familias con niños incapacitados; la tensión adicional del cuidado de este niño, añadido a otras tensiones en la vida, se convierte en algo demasiado pesado para algunos padres poder soportar.[5]

¿Quién más recibe el choque del enojo? Con frecuencia, cualquiera que se meta en el camino. Buscamos situaciones para justificar la culpa a fin de distraer la atención lejos de nosotros. Con un niño incapacitado, la culpa será dirigida hacia quienquiera que haya sido responsable por el cuidado del niño. Pudiera ser un doctor, hospital, comadrona, enfermera, chofer de taxi que conducía muy despacio, o el supervisor de la ciudad que no logró mantener las calles en buen estado. Yo escuché a un padre decir: "¡Estoy tan enojado con ese doctor! Fue un chapucero en el parto, arruinó a nuestro hijo, y luego lo mantuvo vivo. ¡Mira con lo que tenemos que lidiar por el resto de nuestras vidas!"

Los esposos se enojan entre ellos y una vez más se acusan. Uno de ellos dice: "Esta incapacidad debe estar en tu familia. Nosotros nunca hemos tenido ningún problema como este anteriormente". O uno acusa: "¡Si tú no hubieras insistido en haberla llevado a ese campamento! ¡Es tu culpa que no tengamos un niño normal!" Si esto le ha ocurrido a usted, comprenda que, oportunamente, su enojo o la intención de su cónyuge se aplacará. El enojo es una forma de manejar el dolor. Muchos padres de niños incapacitados se divorcian. La tensión del cuidado del niño puede rápidamente corroer el matrimonio. En una nueva versión del *Holmes-Rahe Stress Test por Goergia-Witkin*, uno de las muchas cosas nuevas identificadas como incitadoras de gran tensión —el cuidado de un niño incapacitado—, tiene una tensión marcàda de noventa y siete por ciento. Lo único que supera esa marca en la escala de tensiones es la muerte del compañero de matrimonio.[6]

Un gran artículo en el *Orange County Register* (Registro del Condado de Orange), enfoca esta tensión. El escritor dice:

En algún lugar entre las cucharadas llenas de medicina, viajes al doctor y vigilias en hospitales, los padres de los hijos incapacitados con frecuencia pierden su matrimonio y su paciencia...

Alrededor de 70% de las parejas en Estados Unidos con niños incapacitados se divorcian, los terapeutas dicen...

"El tener un niño incapacitado es una de esas crisis que te forma o te destruye —dice Linda Scott, quien coordina un grupo de apoyo para los padres de niños críticamente enfermos en el Hospital del Condado de Orange—, es una tensión de 24 horas".

"Muchos padres se sobreponen a la tensión con elegancia, creando familias alegres y unidas —dice Sally Kanarek, directora de Parenthelp USA.

Los padres que no tienen éxito tienden a menudo a caer —a veces sin saberlo—, en un patrón dañino, dicen los terapeutas y especialistas en incapacidad. La situación puede incluir lo siguiente:

- La acusación mutua por la incapacidad del niño.
- La exclusión de un padre en la crianza del niño o, de otra forma, hacerlo sentir fuera de la familia.
- Disminución de la frecuencia en su comunicación verbal.
- Le ponen al niño apodos o dicen a otros que se lamentan de su nacimiento.
- Indiferentemente ponen al niño en peligro —con frecuencia por desconocer el tratamiento adecuado a sus necesidades.
- Ignorando al niño o sus necesidades.
- Dejando al niño con algún problema o al cuidado de una persona con poca preparación.[7]

He hablado con muchos padres que se culpan a sí mismos. En ocasiones puede que ellos hayan contribuido al problema, pero en muchas ocasiones ellos no hicieron nada malo. Quizás el culpar a algo o a alguien nos devuelve un sentido de control que se ha perdido cuando hay un problema o situación que cambia nuestras vidas. Nos da una razón de qué estuvo mal, ya sea algo racional o no.

U*na razón por la que muchos padres vuelcan su enojo sobre ellos mismos, es porque realmente ellos están enojados con Dios.*

Una razón por la cual muchos padres vuelcan su enojo sobre ellos mismos es porque realmente ellos están enojados con Dios. Pero ellos creen que no procede este sentimiento con Dios, y mucho menos expresárselo a El. Quizás todos creemos, hasta cierto punto, que ya que somos cristianos, asistimos a la iglesia, y cosas así, estaremos inmunes a las tragedias de la vida. Si nosotros hemos hecho nuestra parte, pensamos, ¿por qué Dios no hará la Suya? Esta lucha paternal está muy bien descrita por Gerald Mann, un pastor que descubrió que su hija era mentalmente retardada:

Yo me casé con mi novia de colegio cuando tenía veinte años y ella dieciocho. Once meses después nuestra primera hija nació. Durante esos meses también me convertí y comencé a estudiar para el ministerio.

Antes de saber nosotros que Lois estaba en estado, ella tuvo sarampión alemán —rubéola o "sarampión de tres días" como se conocía en ese entonces. Nosotros no sabíamos lo suficiente como para preocuparnos. Durante el séptimo mes de embarazo, alguien mencionó que había un peligro potencial de daño al feto. Yo inmediatamente telefoneé al doctor de medicina general del campo. Cuando me expresé alarmado, él me regañó. "Bueno Jerry —me echó en cara—, ¿si tu hijo tiene solamente cuatro dedos de los pies, o de las manos, o un pie solamente; lo amarías menos?"

"Oh, si eso es todo a lo que se refiere —yo dije—, bueno, ¡claro que no!" Pero eso no fue *todo* de lo que estábamos hablando. Nuestra hija tenía trece meses de nacida cuando empezamos a preocuparnos que algo anormal estaba en ella.

Primero un pediatra dijo que ella era sólo hiperactiva y un poco atrasada en aprender a caminar. Luego un neurólogo la examinó y la observó jugar en la oficina por unos diez minutos. El me llevó a su oficina y cerró la puerta. "Ella es severamente retardada, hijo. Mi consejo es que la pongas en una institución especial en algún lugar, llevas a tu hermosa esposa a la casa, y tengan otro hijo. Quizás tu segundo hijo saldrá bien".

Yo era un niño rico, un universitario, estrella de balompié con beca, y un creyente recién convertido. ¡Esto sencillamente no podía ser!

Había entregado mi vida para seguir los pasos de Jesús y abandonar la riqueza, poder y prestigio que me esperaba en los negocios de mi familia. Y mi hija, mi única hija, había sido asaltada en lo acogedor del vientre de su madre por un insidioso, inconsciente virus que alteraría nuestras vidas para siempre.

Yo había leído el Nuevo Testamento. Jesús sanaba, y El prometía que nosotros podríamos también, si creíamos. Y yo creí. Puse mis manos en la pequeña Cindy muchas noches, orando por su sanidad. Cuando nada sucedió, estaba convencido que la culpa la tenía yo. Ciertamente no reposaba en la niña. No podía caer sobre Dios, porque El es bueno y amoroso y libra a Su pueblo.[8]

Pensamientos irracionales

Al principio cuando usted se entera de su pérdida y aún después, sus pensamientos no siempre tendrán sentido o serán racionales. Rosemarie Cook describe algunos de estos pensamientos irracionales, junto con los pensamientos racionales y saludables que usted puede usar para comparar con los negativos:

PENSAMIENTOS IRRACIONALES	PENSAMIENTOS RACIONALES
Yo (nosotros) tuvimos que haber hecho algo para merecernos esto.	Nadie hizo nada. Esto es algo que sencillamente pasó.
Dios vio que las cosas iban muy bien conmigo (nosotros), así que envió esto.	Dios no hace daño a los niños inocentes para castigar a los adultos.
Los problemas del niño existen para que Dios pueda hacer el milagro y traer otros a salvación.	Los milagros son siempre posibles, pero no podemos asegurar que conocemos la mente de Dios.
Si yo (nosotros) dedico mi vida a este niño le mostraré a otros que buena persona soy.	Mi valor en Cristo no depende de lo que yo hago. Si cometo errores, yo sigo estando bien con Dios.
El tener este hijo no cambiará nada en nuestra familia. Nosotros tendremos una vida totalmente normal.	Tendremos que adaptarnos y ajustarnos. Las cosas serán muy diferentes de lo que esperábamos.
No podemos dejar que los demás sepan que no siempre está todo bien.	Está bien ser humano y dejar que otros lo sepan.
Yo (nosotros) no podemos con esta carga.	Yo no puedo con esta carga solo, pero con Dios, todas las cosa son posibles.
Siempre es una lucha creciente: todo el mundo está en contra de mí (nosotros)	No todo el mundo es un enemigo. Yo encontraré personas que pueden ser de apoyo en mi vida..
Tal y mas cual debe ser culpable de todo.	El tratar de buscar y culpar puede tomar mucho de mi tiempo y energía y puede impedir mi relación con los demás.[9]

Quizás es la búsqueda de una *aceptación*, por lo que estamos trabajando durante los tiempos difíciles con el niño. Yo no dije "Que me gusta" o "No desearía que hubiera sucedido". Pero aún con esos sentimientos, nosotros debemos aceptar la realidad de lo ocurrido, tomar control de este desvío en la vida, y volver a dirigirla hacia su centro:

> El recuperarse de una pérdida es como el tener que salirse de una carretera principal cada cierto número de kilómetros porque la carretera principal está en construcción. Las señales de tráfico lo desvían a través de pequeños pueblos que usted no esperaba visitar y sobre carreteras llenas de huecos que no deseaba transitar. Usted está básicamente viajando en la dirección apropiada. En el mapa, sin embargo, el curso que usted sigue tiene la apariencia de dientes de tiburón en vez de línea recta. Aunque está gradualmente llegando a su destino, en ocasiones duda de que pueda algún día llegar a la carretera terminada.[10]

Existe una diferencia entre ajustarse a la situación y el aceptarla. Usted puede ajustarse a lo que ha sucedido y comenzar a aprender a vivir con la situación en vez de combatirla. Ese es un buen comienzo. Aceptar la situación puede ser un proceso continuo. Habrán tiempos de periódicos ajustes y nueva aceptación a varios niveles de la vida de su hijo, o cuando se enfrenta con algo nuevo.

Recuerde algo vital: Usted desesperadamente necesita el apoyo y consuelo de otras personas durante su pérdida.

En 1987, el Departamento de Servicios de Salud de Estados Unidos dijo que para el año 1990, habrían más de 800,000 grupos de ayuda propia. Ese número ha aumentado desde entonces.

Puede que usted sepa intelectualmente que el estar con personas es lo mejor para usted, pero emocionalmente no desea eso. Puede que le ayude el hablar sobre sus sentimientos con un amigo que no le juzgue, y lo escuche atentamente. Trate de escribir todo lo que siente y luego exprésolo. Esto no es una experiencia de una sola vez. Usted necesitará hacerlo una y otra vez. Algunas personas corren, caminan de prisa, hablan suavemente, gritan, dibujan, se quedan en la cama, muchas formas de expresiones están dispuestas para expresarse. Los sentimientos durarán por algún tiempo. Jan y Ed perdieron su hijo de diecisiete años. Ellos describen la experiencia de lo sucedido en el año que siguió a su muerte:

Las primeras Navidades después que Mark murió, una vecina que Jan conocía superficialmente la llamó por teléfono. Ella tuvo que haberse dado cuenta lo difícil que serían las Navidades para Jan y Ed después de la pérdida de su hijo mayor. "Yo no sé si debiera llamar —dijo ella—, pero estaba pensando que no le estarás comprando ningún regalo a Mark este año..." La vecina súbitamente dejó de hablar y comenzó a llorar.

Jan le respondió, diciendo: "Tuviste que haber tenido mucho coraje para llamarme y decirme esto".

Ahora —llorando ella también—, siguió hablando Jan: "Yo no estoy llorando porque tus palabras me hayan herido, sino porque es un regalo que te hayas acordado de Mark".[11]

Recuerde, el propósito de la aflicción por su ser querido es el pasar el estado de estupor, el enfrentarse a su pérdida y trabajar para adaptarse a ella. El propósito general de la aflicción es el traerle al punto donde tenga que hacer cambios necesarios para que pueda vivir con la pérdida de una forma saludable. Es un asunto de comenzar con la pregunta: "¿Por qué me sucedió esto?" y eventualmente seguir a "¿Cómo puedo aprender a través de esta experiencia? ¿Cómo puedo seguir con mi vida?" Cuando la pregunta del *¿cómo?* reemplace la pregunta del *¿por qué?*, es cuando usted ha comenzado a vivir con la realidad de su pérdida. Las preguntas del *¿por qué?* reflejan una búsqueda para conocer el significado en la pérdida. Las preguntas de *¿cómo?* reflejan una búsqueda de formas para ajustarse a la pérdida.[12] Eventualmente su meta debe ser el poder llegar a decir:

Esta pérdida que he experimentado es una turbación crucial en mi vida. De hecho, es la cosa peor que pueda haberme ocurrido. Pero, ¿es acaso el fin de mi vida? No. Yo aún puedo tener una vida rica y abundante. La aflicción ha sido mi compañera y me ha enseñado mucho. Puedo usarla para desarrollarme como una persona más fuerte de lo que era antes de la pérdida.[13]

Chuck Swindoll escribe siempre muy realísticamente y en un estilo que ayuda mucho en las dificultades y crisis de la vida. La pérdida que usted ha experimentado es una crisis. Considere lo que él dice:

> Las crisis quebrantan. Y en el quebrantamiento, a menudo hay refinamiento y purificación. Puede que usted esté desanimado hoy porque el quebrantamiento no le ha guiado aún a una entrega. Yo he estado demasiadas veces junto al moribundo, ministrando demasiadas veces al descorazonado y al herido para creer que el quebrantamiento es un fin en sí mismo. Desafortunadamente, sin embargo, con frecuencia es necesario un golpe brutal de aflicción para suavizar y penetrar los corazones endurecidos. Aunque en ocasiones esos golpes parezcan injustos.

Recuerde la declaración de Alexander Solzhenitsyns:

> Fue sólo entonces cuando estaba allí en el camino de esa prisión indeseable que sentí dentro de mí el primer sentimiento de bondad. Gradualmente, me fue revelado que la línea que separa el bien del mal pasa, no por naciones, no entre clases, no entre partidos políticos, sino por el medio de cada corazón humano. Así que, te bendigo prisión, por haber estado en mi vida.

Esas palabras proveen una ilustración perfecta de la introducción del salmista:

> *Antes que fuera yo humillado,*
> *descarriado andaba;*
> *mas ahora guardo tu palabra.*
> *Bueno me es haber sido humillado,*
> *para que aprenda tus estatutos.*
>
> *Salmos 119:67,71*[14]

Recuerde que durante su pérdida, Dios estará presente para consolarlo, y usted descubrirá Su gracia de una nueva forma.

5

Cuando un niño muere

Como ya sabemos claramente, la muerte de un niño no es comparable con ninguna otra pérdida. Es un golpe horrendo, no importa cómo suceda.

Uno de los temas más difíciles y perturbadores para manejar es lo injusto de la muerte de un niño. Sencillamente no debiera suceder. No tiene sentido. Es una muerte fuera de turno. Los padres a menudo sienten, *¿por qué debiera yo sobrevivir, cuando nuestro hijo, que debió sobrevivir, no lo hizo?* La muerte viola el ciclo que dice que los niños deben crecer y reemplazar a los viejos. Años atrás, cuando las enfermedades infecciosas resultaban desastrosas, la muerte de un niño era común. Eso ha cambiado ahora, e inclusive, la mayoría de las muertes entre los mayores ocurren de forma natural y esperada. Nuestra sociedad está preparada para la muerte con este grupo y lo maneja relativamente bien. Pero el pensamiento poco común de la muerte de un niño es más traumático.

Cuando usted pierde un niño, también pierde lo que su hijo representa para usted. Se siente una víctima en varias formas. Se siente como quien ha perdido parte de su propio ser, o aun parte de su propio cuerpo. Esas facciones en el niño que le recordaban a usted o a su esposo o esposa, es lo que más duele.

Extrañará el trato físico también, el ver, escuchar, oler, tocar de su hijo. Si usted estuviese todavía en la etapa del cuidado permanente y personal con su hijo, retener esta ausencia sería terriblemente dolorosa.

Su hijo también expresaba su conección con el futuro, y ya eso no existe. Si su hijo era lo suficientemente mayor para responderle, usted ha perdido una fuente de amor muy especial. Ese amor estaba basado en necesidades, dependencia, admiración y apreciación, pero ahora se ha ido. Ha perdido algo de sus propias atesoradas cualidades y talentos también, porque usted vio alguna de aquellas que más valora, en su propio hijo. Aún más, ha perdido las expectaciones y sueños que usted tenía por su hijo a medida que él o ella crecía. Los años anticipados, llenos de tantos eventos especiales, fueron arrebatados de su medio.

Puede que usted también vea la muerte de su hijo como un fracaso de su parte. Se siente enojado y frustrado porque no es capaz de ejercer algún control sobre lo que le ha sucedido a su hijo.[1]

El doctor Therese Rando describe este sentimiento gráficamente:

> Con la muerte de su hijo usted ha fracasado en la función básica de la paternidad: cuidar de los hijos y la familia. Se supone que usted proteja y provea para su hijo. Se supone que la proteja de todo daño. El debiera ser el que creciera saludable para enterrarlo a usted.
>
> Cuando "fracasa" en esto, cuando su hijo muere, puede que usted sienta que ha fracasado en las funciones más básicas de la vida.
>
> La muerte de cualquier niño es un asalto monumental en sus sentidos de identidad. Como no puede ejercer su papel de preservar a su hijo, puede que usted experimente un sentido de fracaso que le oprime, una pérdida de poder y habilidad, y un profundo sentimiento de que ha sido agredido. Desilusión, vacío, e inseguridad pueden seguir a estos sentimientos, todos

ellos brotan de una autoestima debilitada. Y esto puede llevarlo a la culpa que es algo tan común en la aflicción paternal.[2]

La culpa de los padres puede tomar muchas formas. Algunos padres experimentan culpa de sobrevivencia, el sentimiento de considerar incorrecto que aún estén ellos vivos y su hijo no. También puede existir la culpa de relaciones enfermizas, cuando los padres piensan que alguna deficiencia personal causó la enfermedad y muerte. Y algunos experimentan una culpa moral en la creencia de que la muerte del niño fue un castigo a causa de *su* violación de algún código moral o religioso.[3] Como explicará el doctor Rando:

> En esas situaciones, cuando la muerte es el resultado de problemas genéticos o de un factor médico inexplicable, los padres a menudo añaden carga a su dolor. Ellos tratan de explicar el por qué su hijo murió prematuramente y violó las leyes de la naturaleza. Los padres se sienten responsables de no haber engendrado un niño saludable que pudiera sobrevivir más tiempo, y a menudo se sienten deficientes y sin valor como resultado de esto. Con frecuencia, cuando no se encuentran respuestas a la causa de la muerte, los padres tienden a buscar hacia atrás durante las experiencias prenatales, como un intento de identificar la razón de una condición médica: "Quizás fue porque yo tomé una aspirina cuando estaba embarazada y eso causó el comienzo de la enfermedad que terminó su vida a los once años".[4]

Por causa de todas estas pérdidas, su lamento sobre la muerte del niño será más intensa y durará más tiempo que el lamento sobre la pérdida de cualquier otra persona. A la muerte de un niño se le ha llamado la último aflicción. Usted necesita aceptar esto y dejar que otros lo sepan también.

Usted seguirá luchando continuamente con el enojo, enojo a lo sucedido, a cualquier persona que usted cree pudo haberlo prevenido, a lo injusto de lo que se percibe, a la interrupción de su vida, y a Dios. El enojo vendrá y se irá durante años. Como padre afligido, tendrá que "crecer con la pérdida". Los padres tienden a marcar sus vidas por los eventos y logros que envuelven a sus hijos. Las fechas en que esos eventos ocurrieron vendrán de nuevo a la mente, aunque su hijo ya no esté presente para experimentarlo. El sexto cumpleaños; el primer cumpleaños de la adolescencia; el tiempo en que su hijo hubiera recibido su licencia de manejar, se hubiera graduado, casado y tenido hijos; todo traerá un resurgir de su aflicción cuando usted menos lo espera.

Una doble dosis

Cuando su hijo muere por causa de una enfermedad terminal, usted recibe una doble porción de aflicción. Antes de la muerte de su hijo, usted sufrió por la realidad inminente de este hecho. Después, sufrió la muerte en sí. Aunque usted sabía que iba a ocurrir y lo sabía durante semanas, meses o años, es aún devastador. Nosotros escuchábamos de estas situaciones especialmente con padres cuyos hijos tenían cáncer, pero más y más lo estamos escuchando con niños que mueren de SIDA.

El trauma de enfrentarse a una enfermedad terminal de un niño, define de nuevo su vida. Quizás usted nunca ha experimentado esto, pero estamos llamados a ser compasivos y soportarnos unos a los otros. Sabiendo lo que otros padres encaran puede que hable a su corazón. Cuando un niño está muriendo, es como si el futuro se cancelara por unos momentos. Toda la atención está en el presente.

El trauma de enfrentarse a una enfermedad terminal de un niño, define de nuevo su vida.

Las prioridades cambian, y los planes futuros y sueños son afectados. Si remotamente se considera el futuro, es con temor. Escuche las palabras de los padres y madres que perdieron un hijo después de una larga enfermedad:

La madre cuyo hijo de 17 años murió de cáncer en los huesos:

No había futuro para nosotros. Estábamos atemorizados de lo que traería el mañana y el próximo día. Aprendimos a disfrutar cada momento agradable, cada buen día. No nos permitíamos pensar más allá de ese día. El futuro era un lugar lleno de temor para nosotros.

Una madre cuyo hijo de ocho años murió de leucemia:

Uno se concentra en los buenos días y vive para ellos. Tiene que tomarlos y sujetarlos cuando vengan. Uno tiene que vivir con los días malos también, pero quiere que se acaben rápido. Cuando tienes un buen día, deseas que dure para siempre. Nunca lo quieres dejar ir.

Un padre cuyo hijo de cuatro años murió de leucemia:

Tuvimos que ajustar toda nuestra vida cuando Sam enfermó. Todos nuestros planes futuros tuvieron que ser guardados. Yo ni siquiera deseaba pensar sobre el futuro, porque sabía que guardaba la muerte de Sam. Era algo intolerable para mí pensar en ello.

Una madre cuya hija de seis años murió de leucemia:

Su muerte no era algo inminente para mí. Esto era algo en el futuro; algo lejano. Yo viví solamente para el hoy. Ni siquiera pensaba en el mañana, mucho menos planear para ese mañana.[5]

Cuando su hijo es desahuciado por los médicos, puede que le tome días antes de tomar conciencia de la realidad. Conozca la respuesta de estos dos padres:

Yo pienso que la naturaleza lo prepara a uno para estos momentos. Usted puede absorber tan solo una pequeña cantidad de información a la vez. Escucha las palabras pero no se da cuenta de inmediato. La verdadera realidad llega a uno después de un período de tiempo, poco a poco. Yo sé que pasaron varias horas antes de que sintiera el peso de lo que se me había dicho, y varios días para que el impacto emocional desgarrara mi ser.

Una madre dijo:

Llevamos a Mark a un especialista que lo puso en un hospital para ser operado el próximo día. Estábamos confiados del resultado. Yo pienso que desarrollé un optimismo que me sostuvo en ese momento. Fui al hospital sola con Mark y estaba esperando en el área de recepción cuando me llamaron al salón. El doctor estaba de pie con sus guantes de cirugía puestos y sus manos levantadas, así como se ve en los programas de televisión. El había salido a la mitad de la operación para hablar conmigo. Todo lo que dijo fue: "Le tengo malas noticias, ¡es cáncer!" Yo solo me quedé parada. ¡Yo estoy segura que nunca en mi vida había experimentado tal conmoción! ¡Sin ninguna preparación! ¡Todo se detuvo! ¡Era como si yo estuviera pegada al suelo! ¡No me podía mover! ¡No podía hablar! Yo conocía bien ese hospital, pero no podía ni siquiera pensar en qué cuarto Mark estaba. Caminé de un lado al otro de los corredores sin dirección. Esas palabras tan desagradables, "es cáncer", se repetían una y otra vez en mi mente. Traté de llamar a casa, ¡pero ni siquiera podía recordar mi propio número de teléfono![6]

Si usted fuera el padre de un niño desahuciado, probablemente experimentaría una o varias de las siguientes reacciones comunes. Puede que no acepte el diagnóstico y pronóstico al principio de haberlo conocido. (Esto también sucede cuando se le dice que su hijo tiene una incapacidad.) Usted lo asimila gradualmente o lo niega enseguida, hasta el último momento con su hijo.

Quizás usted fantasea conscientemente o inconscientemente sobre una recuperación milagrosa para su hijo.

Puede que usted procure lograr una sanidad, por sí mismo, tratando de preparar servicios de sanidad, llamando a los ancianos de la iglesia para que unjan con aceite al niño y oren; proveyendo una dieta especial, saliendo fuera del país para un tratamiento especial que no se practica en su país; usando técnicas de visualización, o negociando con Dios.

Puede que piense que la enfermedad de su hijo haya sido algún tipo de castigo por algo que usted hizo en el pasado o que está haciendo.[7]

El impacto en la familia

No importa cómo usted pierda al niño, la pregunta surge: "¿Cómo me recupero? ¿Qué pasos puedo tomar para sobrevivir?" Hemos visto la pérdida y la aflicción de forma general, pero ahora, consideremos otros aspectos.

Seguido a la muerte de un niño, el matrimonio tiende a la confusión. Es como si la misma estructura de la familia estuviera bajo ataque. Es posible que tenga que intervenir con sus otros hijos a medida que reaccionan a la pérdida de sus hermanos o hermanas. Usted y su compañero puede que luchen con presiones vocacionales por causa de haber estado distraídos y ausentes de sus trabajos por un período de tiempo extenso. La rutina diaria parece sobrecogedora por causa de su dolor, y puede que se irriten el uno al otro cuando encuentran cosas inconclusas. Puede que haya algunas cargas financieras por causa de la enfermedad del niño o el increíble alto costo de un funeral. Todos estos elementos se añaden a la tensión del matrimonio.

Se estima que noventa por ciento de todas las parejas que pierden un niño se encaran con algún tipo de lucha marital dentro del primer año después de la muerte del niño. El porcentaje de divorcio es alto entre las parejas que han perdido un hijo único.[8] Las estadísticas también enseñan que aproximadamente setenta por ciento de las familias donde el niño fue muerto violentamente, los padres se separan o divorcian.[9] Muchos matrimonios que se disuelven, se mantenían unidos apenas por un delgado hilo, y este evento inesperado parece romper las hebras restantes. Puede también ser, que el papel de padres era más intenso que la relación del matrimonio. La muerte de un hijo, sin embargo, no debe resultar motivo de divorcio. Por el contrario debe llegar a ser un tiempo de consuelo mutuo, apoyo y crecimiento en la vida matrimonial.

La sombra de la aflicción

Ningún padre está preparado para perder un hijo, no importa la causa o la edad del hijo. Pero puede *aprender* a recuperarse y sobrevivir, y es un proceso que se aprende. No hay caminos cortos para su aflicción. Es doloroso y largo, y va a desear que se vaya. Usted está viviendo en un túnel obscuro, y no está seguro que haya una luz al final del mismo. Pero cuando se mantenga en el camino, la encontrará. Esta aflicción dura más que ninguna otra, y cargarás con el remanente de la sombra de la aflicción por años.

La mayoría de nosotros no nos damos cuenta de que hay un patrón de cimas y valles en la aflicción.

Ronald Knapp nos da una descripción reveladora sobre la sombra de la aflicción:

La sombra de la aflicción se revela a sí misma más comúnmente en la forma de "incapacidad" emocional, donde la persona es incapaz de responder completamente y con toda capacidad a estímulos exteriores y donde la actividad normal es moderadamente inhibida. Se caracteriza como un dolor sordo detrás de los sentimientos que se mantienen regularmente constante y que bajo ciertas circunstancias y en ciertas ocasiones, sale burbujeando a la superficie, a veces en forma de lágrimas, a veces no, pero siempre acompañado con un sentimiento de tristeza y un sentido suave de ansiedad. La sombra de la aflicción variará en intensidad, dependiendo de la persona y de los factores únicos que la envuelven. Es más emocional para unos que para otros.

Donde existe la sombra de la aflicción, el individuo nunca puede recordar los eventos alrededor de la pérdida sin dejar de sentir algún tipo de reacción emocional, no importa lo suave que sea.

La diferencia entre la aflicción "normal" y la "sombría" es similar a las diferencias entre la neumonía y el catarro común. El último es menos serio, interrumpe menos la vida, es más náusea que otra cosa.[10]

Nadie le puede decir cuánto va a durar esta aflicción. La aflicción tiene un comienzo, un intermedio y un final. Pero muchos padres se quedan trabados en el medio, y la mayoría no entienden la dinámica y duración de la aflicción, lo que hace aún más difícil el logro del ajuste.

La mayoría de nosotros no nos damos cuenta de que hay un patrón de cimas y valles en la aflicción. Mire la intensidad de la aflicción como lo indica la gráfica:

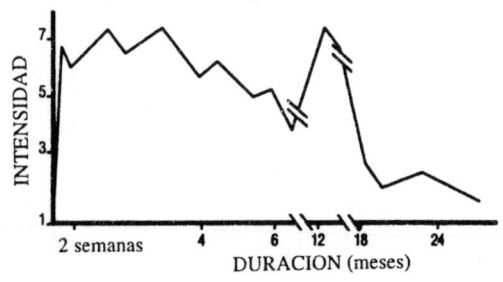

Note las cimas dentadas. El dolor y la aflicción se intensifican durante tres meses y luego gradualmente disminuye, pero no de forma estable. Ellos suben y bajan. La mayoría de las personas no necesitan un recordatorio de la pérdida de un ser querido. La aflicción viene corriendo con el dolor que rivaliza con los sentimientos iniciales. Si alguien le trata de decir que usted debiera "estar repuesto" para entonces, o "sintiéndose mejor" en cualquiera de esos momentos cuando está en una de la cimas, puede que usted se enoje. Eso es comprensible. También se entiende que las personas no saben apreciar el proceso de la aflicción a menos que ellos hayan pasado por lo mismo.[11]

Puede que usted quiera darle esta sección del libro o la gráfica, a aquellos alrededor suyo para ayudarles a entender. O pídale a su ministro que explique estas realidades a su congregación.

El tiempo usual que toma el recuperarse de la pérdida de un ser querido es de uno a dos años, pero descarte la medida cuando está lidiando con la pérdida de un niño; tomará más tiempo.

El poder sanador de las lágrimas

Sus lágrimas no cesarán por años. Una mañana me sorprendieron en nuestro servicio de alabanza, de la Iglesia Presbiteriana de Hollywood. El servicio estaba enfocado sobre Pentecostés. Mientras el órgano sonaba, el sonido de los tubos de cobre, de súbito llenaron el ambiente. El sonido de los instrumentos de vientos siempre hacían reaccionar a Matthew. El miraba hacia arriba con cierta atención o maravilla en su expresión, como si estuviese diciendo: "¡Oh, eso es algo nuevo!"

El sonido de los instrumentos de viento en el servicio me trajo otro recuerdo: la risa alegre de Matthew. Varios años atrás, yo había decidido aprender a tocar trompeta (cosa que duró sólo unos pocos años). Compré una trompeta y tomé lecciones semanales. Durante una de las visitas de Matthew a casa, comencé a practicar. El me miró con una expresión que me decía: "¡Yo no creo lo que estoy escuchando!" El escuchó otro sonido, echó su cabeza hacia atrás, y se rió de la forma más fuerte, como jamás lo escuchamos hacerlo antes. Una y otra vez, se rió y chilló hasta que nos cansamos. Mi intento como novicio, de tocar, al menos a él le gustaba. De más está el decirles que estos recuerdos trajeron las lágrimas una vez más.

En otra ocasión, yo estaba conduciendo hacia la casa y escuchaba un programa radial de Chuck Swindoll. Durante el mensaje, él enumeró los nombres de los discípulos. Al escucharle decir él nombre de *Matthew,* (Mateo) me trajo mi sentido de pérdida y tristeza a la superficie, donde se quedó por varios días. ¿Quién hubiera podido imaginar que esto pudiera suceder?

Entonces, hay otras ocasiones cuando mis sentimientos están caídos. Un grave adormecimiento se apodera, y yo me pregunto: ¿Cuándo el dolor me volverá a atacar?. Sólo tres semanas después que Matthew muriera, yo estaba muy ocupado con el trabajo y los proyectos. Por varios días, tuve poco sentimentalismo y lágrimas. Sin embargo, mientras le contaba a un cliente lo que me había sucedido, las lágrimas se asomaron a mis ojos. Otra vez, mientras estaba sentado con los padres de un niño profundamente incapacitado, tratando de ayudarles, las lágrimas de nuevo se asomaron a mis ojos. Lo próximo fue, que recibí una nota de un amigo que había perdido su hijo de diecinueve años en un accidente hacía más de cuatro años. Cuando me dijo que el dolor era algo que sentía tan fresco como si hubiese sucedido ayer, yo me pregunté: *¿Será de la misma forma con nosotros?* De nuevo mis ojos se llenaron de lágrimas.

Durante ese tiempo de sequía, que es como yo lo califico, el lamento ataca fuertemente una vez más. Yo estaba pedaleando en mi bicicleta de hacer ejercicios y escuchando una grabación de alabanza por Terry Clark. Una de las canciones era "Yo recuerdo". Mientras pedaleaba, también estaba trabajando en un catálogo para enviar a las personas que habían asistido a nuestros seminarios a través de los años.

Me preguntaba si debería incluir algo sobre Matthew, ya que la mayoría de las personas habían escuchado nuestra historia. Yo había considerado el decir: "Por años habíamos orado por Matthew para que fuese sanado. El 15 de marzo, Dios encontró a bien el sanarlo".

Mientras pensaba en esto (y quizás por causa de la música y el hecho de que yo estaba planeando visitar la tumba por primera vez), me sobrecogí en llanto. El sentido de pérdida fue sobrecogedor, y lloré intensamente. Una cosa he aprendido, uno nunca tiene que disculparse por sus lágrimas.[12]

Exactamente, al escribir este capítulo y al examinar de nuevo algunas de las notas que hemos recibidos y mis pensamientos escritos, los sentimientos y llantos surgen una vez más a la superficie. Yo encontré dos respuestas escritas a mis lágrimas que había puesto dentro de un sobre. Esta primera la escribí nueve meses después que Matthew muriera:

Enero 15 de 1991

¿A dónde se han ido las lágrimas? Hubo un tiempo cuando pensé que nunca terminarían, pero ahora las extraño como si fuesen una amiga. Hay tan solo una humedad donde en una ocasión corría un río, las memorias se están opacando demasiado rápido, como si fuesen un sueño de la noche anterior. Me parece demasiado pronto para que las cosas sean de esta forma, pero entiendo que puede que regresen de nuevo otro día. Quién hubiera podido pensar que los ojos nublados por las lágrimas y suspiros serían extrañados, sin embargo lo son. Y aún, mientras estoy escribiendo, me es difícil ver las palabras, por alguna extraña razón.

Los poemas y cartas de amigos, me ayudan a recordar lo perdido una vez más. Las palabras de consuelo expresadas en el momento del dolor más profundo ayudan a mantener a Matthew vivo. Porque eso es lo único que tenemos de él ahora, sus recuerdos. Otra persona tiene el gozo de su presencia, su risa, su sonrisa y sus abrazos. ¿A dónde se han ido? No se han ido. Estaban escondidos y esperando una vez más por el momento de ser llamados para expresar la pérdida. Ellos están aquí de nuevo, no como unos intrusos, sino como unos amigos bienvenidos. Por favor, no se demoren tanto la próxima vez. Yo les necesito. Nosotros les necesitamos.

Entonces en el mes quince, escribí:

Ha pasado algún tiempo desde que los sentimiento salieron a la superficie. Uno comienza a preguntarse si alguna vez regresarán. Pero entonces, se produce. Y cada vez es diferente. Comienza al encontrar alguna vieja foto de Matthew cuando era bien joven y en la mayoría de ellas estaba sonriendo. Dos días después, un domingo, estábamos mirando al doctor Ogilvie en un programa matutino de televisión y él leyó el pasaje bíblico donde el centurión vino a Jesús porque su hijo se estaba muriendo. Jesús le dijo que regresara a su casa, que su hijo viviría. Ambos, Joyce y yo, tuvimos la misma reacción: "Me hubiera gustado que Jesús nos hubiera hecho la misma declaración sobre Matthew". Esa mañana, nos visitaron las lágrimas. Ellas siempre estarán presentes y se asomarán cuando menos lo esperas. Pero ellas están presente como parte de nuestra conección con algo que valoramos pero que hemos perdido, al menos por el tiempo presente. Ellas también son un recordatorio de que nuestra vida es una serie de transiciones y cambios, algunos de los cuales nos agrada y otros los resistimos.

Usted puede recuperarse. Hay que comprender el proceso de la aflicción, un cambio de actitud en la forma de pensar de, *"nunca se acabará"*, a *"me adaptaré y sobreviviré"*, y el desear hacer el viaje doloroso a través del desierto de la aflicción.

La mayoría de los padres desean descubrir cómo lidiar con su pérdida. Sin embargo, el lidiar con ella está unido al lamento. *Lidiar* significa "luchar o contender con algún suceso". Un significado más antiguo era "el vengarse o pelear". La lamentación trata de activa y voluntariamente de trabajar con la aflicción, pegándole o luchando contra ella. Es el proceso de purificarse uno mismo del dolor de la pérdida.[13]

Ann Kaiser Stearns dice: "Todos nosotros nos sentimos sin poder en ocasiones, porque somos seres humanos. Los sobrevivientes que triunfan, sin embargo, cambian la posición de desamparo por una decisión de tomar control y buscar opciones".[14]

Un factor diferente está envuelto en la pérdida de un hijo. Posiblemente se resume mejor en la frase "nunca olvides". Ronald Knapp lo describe:

> Algo común e importante que parece característica de todos los padres que han sufrido la pérdida de un hijo por cualquier razón, toma la forma de una necesidad o deseo: la necesidad que hace la pérdida de un hijo diferente de cualquier otra pérdida, y una que sinceramente complica el proceso normal de la aflicción. Esto es, la necesidad o deseo de nunca olvidar, o de ¡siempre recordar!
>
> ¡El hijo se ha ido! ¡Fuera de la vista! Y los padres, —las madres en particular—, guardan un gran temor de que los recuerdos que tienen del niño, puedan eventualmente desaparecer. Ellos temen, que puedan olvidar cómo lucía el rostro del niño, el sonido de su voz, la textura de su cabello, lo original de sus manos, inclusive el olor característico del niño. Los padres extrañan grandemente estas experiencias sensuales y eventualmente llegan a desear retenerlas en la memoria mientras vivan.[15]

Pasos de ayuda

A medida que sufre, mantenga en su mente ciertos pasos que pueden ayudarle. Hemos hablado ya sobre la culpa, pero una tarea principal es el romper la conección de la culpa. Mientras más tiempo la deje conectada, más se fortalece y puede llegar a hacer su residencia permanente en usted. El culparse a sí mismo le estropeará y afectará sus relaciones familiares. Puede que sea culpa sobre algo que hizo, no hizo, pensó, o deseó.

Si otros alrededor suyo no hablan de la muerte o parecen evadirle ya sea a usted o al tema, puede que se sienta aún más culpable, como si hubiera hecho algo erróneo. Pero las personas evaden el tema por razones que no tienen nada que ver con culparlo a usted. La mayoría no saben qué decir, y muchos se sienten nerviosos sobre la muerte de su hijo. Se sienten amenazados. Como padres despojados, usted representa el temor mayor que ellos puedan tener; si le ha sucedido a su hijo, pudiera sucederle al de ellos.

En una forma amorosa, gentil, usted necesita hacer saber a otros que usted no será ignorado.

Desgraciadamente, esa forma tan insensible de reaccionar lo deja a usted sin apoyo y no le provee el reconocimiento que necesita sobre lo que ha sucedido. Nada duele más que el ser ignorado.[16]

Puede que tenga que tomar la iniciativa de romper el silencio. Cuando hable de su hijo y de lo que ha experimentado, déjele saber a otros que es admisible la discusión sobre la muerte. Si usted se siente que está siendo evadido, vaya a otras personas y comience la conversación. Use de una carta para ayudar a otras personas a saber lo que ha experimentado y cómo ellos pueden reaccionar hacia usted (como está descrito en el capítulo 10). Esto hace mucho más fácil actualizar el tema.

En una forma amorosa, gentil, usted necesita hacer saber a otros que usted no será ignorado. Entonces recibirá más cuidado y apoyo. Muchos se preocupan y piensan que al hablar de su pérdida agudizará su dolor. En algunas de las tarjetas cariñosas que recibimos, leímos frases como: "espero que esta carta o postal no haya aumentado su dolor". Pero si aun lo hubiera hecho, si hubiera traído nuestro dolor a la superficie, el consuelo de la postal valía la pena. Dos de las notas cariñosas que recibimos, fueron, de una de las empleadas del hogar que cuidaba a Matthew y la otra de una de sus maestras:

Estimado señor y señora Wright:

Fue un gozo el trabajar con Matthew. ¡El tenía una risa tan contagiosa! Me miraba con el rabo del ojo, y medio sonriendo, como queriendo decir: "Yo haré mi travesura cuando no me estés mirando", ¡y era exactamente lo que hacía! El estaba volviéndose más seguro de sí mismo, más independiente. Había aprendido a confiar en mí, a dejarme animarlo e incitarlo en sus ejercicios, sin ser tan arisco. Esto tiene gran significado para mí.

Siempre me acordaré de la forma en que Matthew hacía ruidos cuando disfrutaba de una buena comida, y de la forma que disfrutaba salpicar el agua cuando estaba tomando su baño...

Estimados señor y señora Wright:

Sé que les envío esta carta un poco tarde, pero ha sido muy difícil para mí el sentarme y reconocer el triste hecho de que Matthew ha sido llevado del medio nuestro. Yo pensaba que muchos otros se irían antes que Matthew.

Fue exactamente en Navidad, cuando recordaba haber llevado a Matthew y Debra a las tiendas en esa época el año pasado. El trataba de escaparse de mi lado, y me causaba tanta gracia con la expresión que ponía cuando me veía detrás de él. Ellos y yo también, disfrutamos mucho ese día. Matthew es uno de los que he extrañado más desde que dejara el Colegio Dominga.

Sé que no hay mucho que pueda decir, pero por favor dése cuenta que Matthew dio tanto placer a tantas personas y que fue un gozo que estuviera en "Dominga". ¡El fue siempre tan limpio y ordenado y lleno de sorpresas para nosotros! Su ausencia del colegio fue siempre un disgusto para nosotros.

¿Cuáles son sus fuentes de apoyo? Encuéntrelas. Identifíquelas. No se esconda, aunque se sienta con ganas de hacerlo. Encuentre una persona(s) de apoyo y un grupo. La persona necesita estar accesible y disponible, que haya experimentado una pérdida similar a la suya, dispuesta a ayudarle a seguir con su vida, y capaz de ayudarle con tareas y diligencias que usted no puede hacer durante el período de aflicción.[17] (Para los grupos de apoyo, vea el apéndice al final del libro.)

Usted puede esperar que algo más ocurra, siempre y cuando luche con la culpa: lo más probable es que se concentre en cuán perfecto o bueno era su hijo. Tiende a exaltar todas las características positivas de su hijo, al punto de idealizarlo. Piensa de su hijo como el "mejor", "el más cariñoso", o el "más especial".

Si eso sucede, usted está exagerando el enfoque sobre aquel que se ha perdido y poniendo una gran atención a lo que extraña y añora. Si tiene otros hijos, desafortunadamente, puede que los esté comparando. Estos cometen errores y le enloquecen. Los niños fallecidos no hacen eso. Ellos son santos, congelados en el tiempo. Esto es quizás normal por algún tiempo, pero a su tiempo, usted podrá recordar las experiencias positivas y negativas y el balance regresará.[18]

A medida que trabaja para recuperarse, puede que descubra que ha desarrollado una nueva actitud hacia la muerte y su propia muerte. Los estudios demuestran que los padres tienden a ver la muerte ya no como una enemiga. Muchos encuentran que puede ser una amiga, especialmente aquellos cuyos hijos pasaron por una enfermedad larga y dolorosa. Para ellos, la muerte resultó ser la libertad y el alivio. Y a medida que ellos trataron con la muerte de sus hijos, pudieron manejar la muerte de otras personas con más eficacia. ¿No es interesante que a menudo se necesita de esta experiencia para hacer que la verdad de la Palabra de Dios se convierta en una realidad?

Tres sugerencias

A medida que transita por su valle de recuperación, trate estas tres sugerencias que han sido de gran significado para mí. Primero, *ore*. Escriba sus oraciones, y de esta forma escribe sus sentimientos del momento. No edite sus oraciones; deje que fluyan sus sentimientos. Segundo, *alabe*, en la casa y en la iglesia, como si usted fuese la única persona allí. No se preocupe de lo que otros puedan pensar de sus sentimientos y lágrimas. Tercero, *lea la Escritura*. Deje que el consuelo de la Palabra de Dios llene sus necesidades. Lea pasajes confortables una y otra vez, para sí y en voz alta.

La Palabra de Dios, hablada a nosotros en tiempo de necesidad, nos da la habilidad de sobrevivir. He aquí una pequeña colección de promesas para aquellos que están afligidos:

> *En toda angustia de ellos él fue angustiado,*
> *y el ángel de su faz los salvó; en su amor y*
> *en su clemencia los redimió, y los trajo,*
> *y los levantó todos los días de la antigüedad.*

Isaías 63:9

Jehová es mi pastor.

Salmos 23:1a

*Porque de tal manera amó Dios al mundo,
que ha dado a su Hijo unigénito,
para que todo aquel que en él cree,
no se pierda, mas tenga vida eterna.*

Juan 3:16

*Yo soy la resurrección y la vida;
el que cree en mí,
aunque esté muerto, vivirá.
Y todo aquel que vive y cree en mí,
no morirá eternamente.
¿Crees esto?*

Juan 11:25-26

*Dios enjugará toda lágrima
de los ojos de ellos.*

Apocalipsis 7:17b

*Irá andando y llorando el que lleva
la preciosa semilla;
mas volverá a venir con regocijo,
trayendo sus gavillas.*

Salmos 126:6

*Bienaventurados los que lloran, porque
ellos recibirán consolación.*

Mateo 5:4

*Venid a mí todos los que estáis trabajados
y cargados, y yo os haré descansar.*

Mateo 11:28

*Bendito sea el Dios y Padre de nuestro
Señor Jesucristo, Padre de misericordias y
Dios de toda consolación,
el cual nos consuela en todas nuestras tribulaciones.*

2 Corintios 1:3-4a

*Cuando pases por las aguas,
yo estaré contigo;
y si por los ríos, no te anegarán.
Cuando pases por el fuego,
no te quemarás, ni la llama arderá en ti.*

Isaías 43:2

*Y de igual manera el Espíritu nos ayuda
en nuestra debilidad; pues qué hemos de pedir
como conviene, no lo sabemos, pero el Espíritu mismo
intercede por nosotros con gemidos indecibles.*

Romanos 8:26

Por lo cual estoy seguro de que ni la muerte, ni la vida, ni ángeles, ni principados, ni potestades, ni lo presente, ni lo por venir, ni lo alto, ni lo profundo, ni ninguna otra cosa creada nos podrá separar del amor de Dios, que es en Cristo Jesús Señor nuestro.

Romanos 8:38-39

Bástate mi gracia; porque mi poder se perfecciona en la debilidad.

2 Corintios 12:9

Haz todas las preguntas que necesitas hacer, una y otra vez. A menudo los padres y otras personas preguntan: "¿A dónde van los niños cuando mueren?" Yo creo que las Escrituras nos dicen que van al cielo, a la presencia de Dios. David tuvo un bebé varón que murió cuando tan solo tenía siete días de nacido. La reacción de David indica que él creía que su hijo estaba en un lugar donde él algún día también iría. Y ese lugar es *el cielo.*

Cuando alguien muere, el alma deja el cuerpo. Nuestros cuerpos son simplemente "tiendas". Pablo dice que cuando estamos alejados del cuerpo, estamos en casa con el Señor (ver 2 Corintios 5:8). El también parece indicar que cuando un cristiano muere, se despierta en la gloria (ver 1 Tesalonicenses 4:14).

Sea paciente con su recuperación, pero crea que se recuperará. David Wiersbe ofrece buen consejo sobre el creer:

En el dolor tal parece que Dios nos ha abandonado. El no lo ha hecho. En la aflicción nos sentimos como si nada importara. Sí importa. En ocasiones pensamos que la vida no vale la pena vivirla; ¡sí vale! En momentos de tristeza las personas de fe tienen "que creer a pesar de la adversidad". En nuestras debilidades, Dios revela su fortaleza, y hacemos más de lo que pensamos fuese posible. Fe, significa agarrarse a Dios a pesar de las circunstancias. Significa seguirle a El cuando no le podemos ver, siendo fiel a El cuando no nos sentimos con ganas. El afligido necesita un credo; debe ser "¡yo creo!" Tenemos que afirmar este credo diariamente:

- Yo creo que las promesas de Dios son ciertas.
- Yo creo que el cielo es real.
- Yo creo que veré a mi hijo de nuevo.
- Yo creo que Dios me va a ayudar.
- Yo creo que nada me separará del amor de Dios.
- Yo creo que Dios tiene trabajo para que yo haga.

"Creer a pesar de la adversidad" significa tener una actitud de sobrevivencia. Los padres despojados son sobrevivientes; ellos han resistido la prueba. No solamente ellos han sobrevivido, sino que también de la aflicción ellos han creado algo bueno.[19]

Con el tiempo, como lo han hecho otros padres, usted encontrará significado en sus experiencias. Escuche las palabras de estos padres:

"Yo no sé el porqué esto nos sucedió a nosotros, ¡pero he cesado de buscar la respuesta! He tenido que poner mi fe en las manos del Señor... Sólo El sabe. ¡Sólo El tiene la respuesta!"

"El Señor obra en muchas formas misteriosas. Al principio yo no podía entender esto, pero entonces acepté al Señor... El tiene que haber tenido Sus razones, y éstas, cualquiera que ellas sean, son buenas para mí".

"Al principio yo estaba confundido, perdido y enfadado. ¿Por qué nos sucedió esto? ¿Por qué Dios permitió que esto sucediera?... Entonces comencé a comprender que era la voluntad de Dios... ¿Quién soy yo para seguir preguntando?"

"Nada me calmaba después de la muerte de Tommy. No podía entender cómo un Dios de amor podía permitir tal cosa... Sin embargo, eventualmente comprendí que Dios era mi salvación mayor; cualquiera que fueran Sus razones para llevarse a Tommy, ¡yo puedo ahora aceptarlas! Pienso en El, cargando a Tommy en Sus brazos hasta el día en que yo pueda reunirme con él".

"El Señor da y el Señor quita", ¡esta es una cita de la Biblia! Yo nunca supe exactamente lo que significaba hasta que esto sucedió... Tienes razón, ¡yo pregunté! Estaba enojado y lleno de odio por causa de la pérdida de mi hijo.... Sin embargo, la ira y el odio se suavizaron cuando acepté al Señor. Me puse en Sus manos e inmediatamente sentí una paz que me sobrecogía".[20]

Diciendo adiós

En un capítulo anterior, hablamos sobre la despedida de Matthew. Lo hemos hecho muchas veces y de varias formas. El visitar la tumba es una de ellas. Volver a decorar el cuarto del niño o finalmente regalando toda su ropa es otra forma. He leído las cartas de despedida que alguien le ha escrito a personas amadas que han muerto. Pero cuando un niñito muere, yo pienso que es diferente.

Cuando muere un cristiano o un niñito, aquellos que quedan atrás tienen que decir adiós. Pero el que muere puede decir "hola" al Señor. Es por esto que nuestros sentimientos pueden estar confusos, estamos tristes por nuestra pérdida, pero también hay un sentido de gozo por causa de lo que la persona muerta está ahora experimentando. Lo hemos sentido. Tenemos un vacío en nuestras vidas, pero la vida de Matthew es ahora completa y lograda. La muerte de un cristiano es una transición, un túnel que va de este mundo al próximo. Esta transición puede ser descrita en muchas formas.

Un mes después que Matthew murió, yo recibí una copia del libro de inspiración de Max Lucado, *The Applause of Heaven* (El aplauso del cielo). Yo había oído sobre el libro, especialmente el capítulo final. Así que hice lo que usualmente hago: fui inmediatamente al capítulo final, y lo leí primero. El comenzó describiendo su conclusión de un largo viaje y finalmente su llegada al aeropuerto. Su esposa y tres hijas están emocionadas de que él esté en casa. Pero una de ellas tiene una respuesta interesante. En medio de los gritos de alegría, ella se detuvo lo suficiente para empezar a aplaudir. Le aplaudió a él. ¿No es eso diferente? Pero también es afirmativo y apropiado.

La muerte de un cristiano es una transición, un túnel que va de este mundo al próximo.

Entonces Lucado habla sobre el último hogar del cristiano y su llegada a casa y lo que puede suceder allí. El comienza citando Apocalipsis 21:1-4:

"Vi un cielo nuevo y una tierra nueva; porque el primer cielo y la primera tierra pasaron, y el mar ya no existía más. Y yo Juan vi la santa ciudad, la nueva Jerusalén, descender del cielo, de Dios, dispuesta como una esposa ataviada para su marido. Y oí una

gran voz del cielo que decía: He aquí el tabernáculo de Dios con los hombres, y El morará con ellos; y ellos serán su pueblo, y Dios mismo estará con ellos como su Dios. Enjugará Dios toda lágrima de los ojos de ellos; y ya no habrá muerte, ni habrá más llanto, ni clamor, ni dolor; porque las primeras cosas pasaron".

Juan dijo que algún día Dios enjugaría toda lágrima. Las mismas manos que estiraron los cielos tocarán tus mejillas. Las mismas manos que formaron montañas acariciarán tu rostro. Las mismas manos que se torcieron en agonía mientras el romano con su clavo las atravesaba, algún día estrechará tu rostro y limpiará tus lágrimas para siempre.

Cuando usted piensa en un mundo donde no habrá razón para llorar, nunca, ¿no le da ganas de irse a ese lugar?

"Y ya no habrá más muerte..." declara Juan. ¿Puede imaginarse? ¿Un mundo sin féretro ni morgue ni cementerios ni tumbas? ¿Puede imaginar un mundo sin azadón de tierra para tirar sobre el ataúd? ¿Ningún nombre grabado en mármol? ¿No funerales? ¿No trajes negros? ¿No bandas negras?

En el próximo mundo, Juan dice, que la palabra "adiós" nunca será dicha.[21]

Cada persona en la tierra está destinada a morir en algún momento. Nosotros lo tememos, lo resistimos, tratamos de posponerlo, y aún negamos su existencia. Pero no funciona. No podemos evitar que nuestros seres queridos mueran. No podemos evitar nuestra propia muerte. Pero podemos ver a la muerte desde la perspectiva de Dios. Lucado termina su libro con lo que significa el llegar a casa desde otro punto de vista:

Antes que se dé cuenta, llegará su tiempo de partida asignado; usted descenderá la rampa y entrará en la Ciudad. Verá rostros que están esperando por usted.

Escuchará su nombre de la boca de esos seres queridos. Y quizás, sólo quizás, en el fondo, detrás de la multitud, el Unico que prefirió morir que vivir sin ti, sacará sus manos perforadas de su traje celestial y... aplaudirá.[22]

Yo simplemente me quedé sentado, callado, dejando que estas palabras me ministraran. Podía ver a Jesús reaccionando de esa manera cuando Matthew llegó. Es verdad, nuestros seres queridos que han muerto están diciendo "hola". Nosotros le hemos dicho adiós a ellos. Es verdad, nosotros saludamos cada nuevo día sin ellos, ¡pero sólo por ahora!

6

Pérdidas especiales

El perder un hijo siempre es difícil, por causa de todas las razones que hemos discutido. Pero los padres que pierden un hijo pequeño se enfrentan a un momento más difícil, porque un bebé que ha nacido muerto o la muerte de un bebé recién nacido no son consideradas tan serias como la muerte de un niño mayor. Parece existir una actitud que dice: "En la muerte de un niño, mientras más pequeño el niño, resulta más fácil; mientras mayor el niño es más difícil". En el pasado, la sociedad contemplaba a los sobrevivientes de un aborto como personas ilegítimamente triste.

Pero hoy día, las circunstancias son muy diferentes. Las familias están cambiando. La decisión de tener solamente uno o dos hijos, tener hijos a edad avanzada, y las luchas de criar hijos como padres solteros ayuda a que hayan familias pequeñas. También parece haber más y más parejas que no pueden tener hijos propios. Esta es una gran pérdida que frecuentemente no es reconocida, por tanto el ánimo y apoyo de otras personas están ausentes. Queremos dirigirnos a estas otras pérdidas en este capítulo.

Un dolor común

Cuando sucede un aborto natural, como suele suceder en aproximadamente veinticinco por ciento de los embarazos, la pareja generalmente recibe poco o ningún apoyo. Y cualquier consuelo que es ofrecido no dura mucho. En muchos casos, el embarazo no era notorio en la futura madre, así que solamente el esposo comparte con ella su aflicción y recuerdos.

La intensidad y el mucho dolor están unidos, no por lo largo del tiempo que fue llevado en el vientre el niño sin nacer, sino por las esperanzas, valores, necesidades, sentimientos, y expectaciones que los padres habían puesto en el bebé. Los padres comienzan a unirse al hijo antes de éste nacer. Ellos celebran las noticias del embarazo y usualmente la comparten rápido. Sueñan con el primer paso del bebé o la Navidad familiar y a menudo corren a través de la vida del niño en sus propias mentes.

Cuando sucede un aborto natural, los sueños también mueren. ¿Y puede imaginarse la intensidad del dolor cuando una pareja ha tratado de tener hijos por años y el esposo o la esposa se aproxima a los cuarenta años de edad? El dolor puede intensificarse si hay una serie de abortos naturales. Este tipo de abortos múltiples es una verdadera posibilidad en algunas parejas. En un estudio de 1,010 miembros de familias que habían experimentado un aborto natural, el promedio de estos era de 1.9 por madre. Una madre dijo que ella había experimentado 15 abortos naturales; sólo un hijo, de dieciséis embarazos había sobrevivido. Su matrimonio no sobrevivió.[1]

Los estudios indican que con un aborto natural, "el tiempo promedio de recuperación" es aproximadamente de nueve a 15 meses.[2]

Después del aborto natural, generalmente, lo que otros nos dicen sirve muy poco para aliviar el dolor. Las personas dicen: "Eres joven; puedes tratar de nuevo". "Probablemente es para tu bien. Algo pudo haber estado mal con el niño, y de todas formas eso hubiera sido muy difícil". "Bueno, en un sentido es bueno que te haya sucedido, ya que eres una persona fuerte y puedes enfrentarte a esto. Yo nunca hubiera podido".

Si estás sufriendo un aborto natural, deja que tu aflicción sea conocida. Si le ha pasado a alguien que conoces, ve a ellos y ayúdales en su aflicción.

Usted es libre de sentir la aflicción que estime necesaria.

En algunas ocasiones los padres desean ver al niño que ha sido abortado, y en otras no. Algunos padres reciben fotos Polaroid del bebé en el vientre de la madre, por el ultrasonido que se le practica durante el embarazo, si es que tenía ya el suficiente tiempo. Eso ayuda a hacer la situación más real. Algunos le dan nombre al bebé y tienen un servicio religioso si éste se malogra.

Una pareja con la que yo trabajé, supieron a las cuatro semanas de haber nacido, que su hijo tenía una rara condición y no llegaría a los nueve meses. A los seis meses la pequeña niña murió, y el padre me dijo cómo él la tomó en sus brazos, salió afuera con ella y mirando las estrellas, oró sobre ella y la entregó al Señor.

Si otras personas no entienden lo que usted está haciendo y tratan de darle consejos contrarios, sólo recuerde que usualmente ellos no son expertos y están hablando desde su propia ansiedad y congoja. Usted es libre de sentir la aflicción que estime necesaria. Esté consciente que el aniversario del nacimiento del niño le sorprenderá, y que continuará haciéndolo durante años.[3]

El aborto es otra forma de grandes pérdidas, de hoy día. El aborto, ya haya sido terapéutico o escogido, aún envuelve la pérdida de un niño, y es necesario que haya aflicción. En nuestra sociedad, a las mujeres no se les anima sufrir sobre el aborto; ellas están supuestas a sentirse agradecidas y aliviadas en vez de tristes. Pero eso no es realístico.

Vicky Thorn del *Proyect Rachel,* reporta que las mujeres generalmente no han sido ayudadas con una rápida absolución de la culpa. "Cuando se les dice a las mujeres: 'No se preocupe por esto. Usted hizo lo mejor que pudo, dada las circunstancias. Sigue con tu vida', no ha sido algo que ha servido de ayuda. Ellas en su interior sienten que el aborto es algo malo, y necesitan y desean a alguien que sea honesto con ellas y les diga: 'Sí, es algo malo el quitarle la vida a un bebé'. Ellas entonces pueden aceptar esa realidad y continuar con su lamento".[4]

La reacción a la aflicción en las mujeres que han tenido abortos es a menudo diferentes de aquellas que han sufrido otro tipo de pérdida. Algunas se sienten contentas y aliviadas de que haya pasado. Pero muchas reprimen y niegan sus verdaderos sentimientos de pérdida y culpa por un prolongado período de tiempo. Puede que no salgan a la superficie por años. Yo he visto esto ocurrir una y otra vez en mi oficina, en consejería. No es solamente la mujer la que experimenta esta pérdida; los hombres también la sienten.

Si usted ha experimentado el aborto o conoce a alguien que lo ha experimentado, vaya a esa persona y tome los pasos necesarios para que usted o la otra persona pueda descubrir el perdón y recuperarse a través del proceso de la aflicción.

La muerte al nacer es una forma frecuente de pérdida, aunque la tendencia es creer que ha sucedido a otras familias. Uno de cada cien niños muere al nacer. Cuando ocurre, es más devastador que un aborto natural, porque los padres piensan que había pasado ya el período de riesgo y que todo debiera haber salido bien. También ha habido más tiempo para la unión. Todo el mundo se ha estado preparando para el nacimiento y la fiesta de recibimiento del bebé. Los anuncios han sido comprados, seleccionada la posible niñera. Pero cuando nace el bebé, no hay lágrimas, ninguna respiración, no hay vida. Los padres están atónitos.

De nuevo, otras personas encontrarán difícil el ayudar con la pérdida, porque el bebé no existía para ellos. La mamá y el papá se sienten aislados, y cuando son animados a continuar con la vida y planear otro hijo, no reciben ningún aliento a expresar su aflicción. Pero ellos tienen una necesidad y un derecho de estar afligidos y de tomar cualquier paso que sea necesario. He hablado con parejas cuyas experiencias eran muy común. Los miembros de la familia sugirieron fuertemente que se olvidaran de la autopsia y servicios funerarios para hacer de la pérdida algo más fácil para ellos. Pero esa decisión en realidad lo hace más difícil.

Después de un aborto natural o de una muerte al nacer, los padres se hacen preguntas ellos mismos y uno al otro. El embarazo y el nacimiento es analizado una y otra vez de la siguiente manera:

Revisando el embarazo:

- ¿Qué pasó durante mi embarazo que no le ha sucedido a personas con bebés saludables? ¿Qué hice mal?
- ¿Cuántas horas dormí cada noche? ¿Dormí mucho o poco? ¿Debí haber tomado una siesta en la tarde?
- ¿Cuántos cigarrillos fumé al día?
- ¿Cuántos tragos tomé durante mi embarazo?
- ¿Corrí al bajar las escaleras, o sencillamente caminé rápido?
- ¿Traté de hacer mucho ejercicio? ¿Hice suficiente ejercicio?
- ¿Debí haberme abstenido de las relaciones sexuales?
- ¿Pensé algo que hizo que el bebé muriera?

Revisando el nacimiento:

- ¿Escogí el médico equivocado?
- ¿Esperé mucho para ir al hospital?
- ¿Debí haber rechazado la anestesia?

- ¿Debí no haber atendido las clases de parto natural?
- ¿Traté lo suficiente?

Las preguntas son muchas y diversas, dependiendo en su circunstancias individuales. A medida que continúa revisando el embarazo y el nacimiento, usted define los límites de lo que percibe que haya podido ser su responsabilidad personal. Usted deja escapar algo de su culpa y comienza el largo, lento proceso del pleno reconocimiento de su pérdida. Mientras la culpa sea el tema principal, el bebé no puede ser abandonado. El bebé no es relegado a causa del "si solamente". "Si solamente yo no hubiera corrido...o me hubiera quedado despierta esa noche anterior...o no hubiera comido tanto... o yo lloré demasiado... o tomé un diurético..." y así sucesivamente otras razones.

Junto con la culpa que usted se impone a sí misma, está la culpa que asume o se imagina que viene de otras personas. Por ejemplo, algunos esposos de forma intencional o inadvertidamente insinúan que la vida de la criatura estaba en el territorio de la mujer, implicando de esa forma que ella debió haber prevenido la muerte. Aun los comentarios frívolos de los parientes o amigos pueden afianzar la culpa existente o producir otras nuevas. El padre que dice: "¡Yo te dije que dejaras de fumar!"; la hermana que de forma dignificante proclama: "Mi doctor me dijo que no bebiera en absoluto durante el embarazo, y yo no lo hice"; el vecino que pregunta: "¿No se suponía que trabajaras solamente hasta el octavo mes?" añadiéndose a tu propia culpa.[5]

Los padres que sufren la muerte de un bebé al nacer, necesitan validar y confirmar la existencia de su hijo, mirándolo, sosteniéndolo, tocándolo, dándole nombre, orando sobre él, y enterrándolo. Cuando no lo hacen, quedan con dudas de si realmente ellos tuvieron el hijo. Escuché de una mujer que fue al mercado y pesó unos vegetales para averiguar el peso y altura de su hijo que acababa de perder al nacer, y al que no se le había permitido ver o sostener, dejándola sin un recuerdo.

Los padres necesitan tomar medidas para hacer al bebé real en sus vidas. Uno de esos pasos es, como pareja, el revisar sus pensamientos y sentimientos y experiencias con el bebé durante el embarazo. También ayuda mucho, ya sea que el problema sea una inhabilidad de concebir, un aborto, o muerte al nacer, el encontrar un grupo de apoyo con otras personas que han pasado recientemente por la misma experiencia.[6]

Esos pequeños preciosos

Los niños recién nacidos mueren también, y esta pérdida es diferente de aquellos que nacen muertos porque los padres ya han tenido algún tiempo de conocer y sentirse unidos con su hijo vivo. Su aflicción es similar a aquella que se siente cuando se pierde a un hijo mayor. Pero algunos factores aún obstaculizan la recuperación de la aflicción. Otros pueden que menosprecien la muerte del niño, y cuando una pérdida no es contada, el trabajo de la aflicción es estorbado.

¿Por qué parecen otros, ser insensibles? La mayoría de las personas no conocen a nadie que haya perdido un recién nacido, así que no saben cómo deben responder. Ellos no conocían a su bebé y por lo tanto no pueden realmente unirse a usted de forma emocional en su dolor. Aun los hospitales trabajan en procedimientos protectores que interrumpe la aflicción de una madre al moverla del ala de obstetricia hacia otra localidad y así tratar de evitar que recuerde su experiencia.

Frases como éstas nunca ayudan: "Eres afortunada de no haber tenido tiempo de realmente unirte al bebé". "Debes alegrarte de no haberlo llevado a la casa". Ellos niegan el hecho del amor de los padres y la unión que ya ha ocurrido. En ocasiones antes de que la madre haya tenido oportunidad de dejar el hospital, amigos y familiares van a su hogar y eliminan toda indicación de que ella se suponía que tuviera un bebé allí. Pero el deseo de protegerla del dolor no ayudará a disminuir su aflicción.

Una de las muertes de recién nacidos que trae más presión es la muerte súbita de síndrome infantil (SIDS). Es la muerte inesperada y repentina, de lo que aparenta ser un infante saludable. La muerte queda sin razón de ser, aún después de un examen minucioso de autopsia. Esto es un verdadero dilema médico. Es la causa mayor de muerte entre los infantes de edad de dos semanas a un año, con el mayor número de muertes ocurriendo entre los dos y los cuatro meses.[7]

Este problema es tan viejo como los tiempos del Antiguo Testamento y parece haber ocurrido tan frecuentemente en los siglos dieciocho y diecinueve como ocurre hoy día. ¿Será posible predecirlo? No. ¿Puede ser prevenido por un médico? No. No es ocasionado por sofocación, abandono, aspiración o vómito, neumonía, ataque al corazón o por cambiar el modo del cuidado del infante. No es hereditario o contagioso. Parece ser más común sin embargo, entre la clase socio económica inferior.

Existen muchas teorías sobre la causa, pero no hay respuestas.[8] Porque el SIDS ataca con la sutileza de un terremoto y sin aviso. Estas muertes devastan el resto de los miembros de la familia, generando abundancia de culpa y enfado.

Existe un sobrecogedor sentido de asombro e incredulidad cuando un bebé saludable es encontrado muerto. Le sigue una exclamación desmedida de "¡No!" que no pueden ser gritados lo suficientemente alto. Esta muerte parece imposible, ya que unas pocas horas antes de que el bebé hubiera sido puesto en su cuna, todo lucía normal. El bebé no lloró ni dio indicio de algún problema. El bebé fue puesto en su cuna antes, muchas veces, y siempre se despertaba. Pero en esta ocasión no sucedió.

El resultado es culpa autoimpuesta, acusación y odio. "¿Qué hice o dejé de hacer que causó esto? ¿Qué hice mal?" Si el bebé murió bajo el cuidado de otra persona, como una nana o pariente, esa persona puede que se enfrente a acusaciones de que hizo algo o dejó de hacer algo significativo.

Pérdidas especiales

Por causa de la naturaleza del SIDS, la policía, examinadores médicos, o el personal del hospital, pueden investigar la muerte. En ocasiones los padres en medio de su dolor y culpa, tienen que lidiar con las acusaciones de los que investigan. Y aun cuando el interrogatorio oficial ha terminado, los padres continúan interrogándose a ellos mismos, buscando una causa o razón. Como dijo un padre:

> Uno ensaya de nuevo todo lo que hizo antes de la muerte del bebé. Considera la ropa del bebé, la forma en que estaba preparada la cuna, la temperatura del cuarto, lo que comió el bebé o no comió. ¿Hubo algún indicio, una tos, un llanto, una irritabilidad o insensibilidad que se nos haya escapado notar? Puede que se acuerde de un gesto o sonido, que después de reflexionar, piensa que era una señal del malestar de su bebé, cuando en realidad, solamente es un producto de su imaginación desesperada.[9]

Los padres que pierden un hijo por SIDS son terriblemente vulnerables emocionalmente. No hay salida, y usualmente tienen que explicar la muerte de su bebé una y otra vez. "¿De qué murió el bebé? ¿No estabas en casa? ¿Cuán a menudo lo examinabas? ¿El bebé se ahogó?, ¿sofocó?", todas las preguntas aumentan la culpa y ansiedad. Delores Kuenning identifica aún otro problema:

> Los amigos y familiares con frecuencia tienen temor de hablarle a los padres, porque no saben qué decir, así que no dicen nada. Esto se suma al aislamiento de los padres de los niños víctimas de SIDS.
> Una madre dijo: "Te sientes tan sola dentro de ti misma. Cuando las personas se alejan de uno por causa de su propia incomodidad, en cierta forma equivale casi a una acusación de que tienes culpa. Te sientes que debiste haber hecho algo malo, o que esto

no debiera haber sucedido. Por otro lado, piensas que no desean estar cerca de ti porque sienten temor a que sea contagioso. Yo sé de personas que no saben qué decir. Yo preferiría más bien, que vinieran a estar conmigo, o me consultaran, '¿Desearías que alguien estuviese contigo?' en vez de sentir, 'Bueno, no sé qué decir, así que pienso que me quedaré alejada'".

Otra dice: "Los amigos que tienen bebés saludables a menudo no saben qué hacer en cuanto a visitar. En ocasiones es muy doloroso para los padres ver a otro bebé en esos momentos. Algunos padres víctimas de SIDS encuentran esta experiencia dolorosa durante el primer año. Yo sugiero que los amigos llamen y simplemente pregunten cómo se sienten estos padres sobre la visita de otros bebés".

La primera madre deseaba ver a otros niños. "Yo deseaba ver a otros niños que rieran y jugaran y que estaban bien. Necesitaba ver y sentir y esperar que algún día, de nuevo yo tuviera eso en mi vida. Siempre es preferible preguntar cómo se sienten los padres, en vez de asumir que ellos desean o no desean ver a otros bebés".[10]

Cuando una muerte súbita ocurre, el padre puede que niegue la muerte del bebé. La madre continúa haciendo lo que hacía antes, funcionando como la madre de un bebé. Ella puede continuar arreglando y limpiando el cuarto, preparando la fórmula de leche, o arreglando la ropa del bebé. Es una forma de negar y protegerse del dolor causado por la pérdida devastadora. Cuando cede el golpe, el aislamiento de las personas y aun de la familia es común. Puede que los sueños mantengan el deseo de buscar, cuidar, y jugar con el bebé.

Recuperándose de su pérdida

En cualquier pérdida se tiene que reconocer y aceptar el hecho y los sentimientos. Vivirá en el valle de la pérdida por

Pérdidas especiales

una porción de su vida. No lo dude. Usted no puede evitarlo. Encárelo y tome control de esto. Es un paso hacia su recuperación. C.S.Lewis, el autor de *Cristianismo y nada más* y *Las cartas Screwtape,* no se casó hasta muy tarde en su vida, y después de tan solo cuatro años de matrimonio, su esposa, Joy, murió de cáncer. En su libro *A Grief Observed* (Observando un dolor), él dijo:

> Leí en una ocasión la frase: "me quedé despierto toda la noche con un dolor de muela, pensando sobre el dolor de muela y sobre el estar acostado y despierto". Eso es cierto en la vida. Parte de cada miseria, por así decirlo, es el reflejo o sombra de la miseria misma: la realidad de que usted no sufre meramente, pero tiene que seguir pensando sobre lo que está sufriendo. Yo no solamente vivo cada día interminable en mi dolor, sino que vivo cada día pensando sobre vivir cada día en el dolor.[11]

Es cierto que la conciencia de saber cuánto te duele, puede causarte aún más dolor, pero el entender que el dolor no es permanente, puede ayudar. No durará para siempre, pero vendrá en olas, y usted sentirá una que viene con estruendo sin ser esperada, de vez en cuando. Son como las olas del mar que dan contra la orilla. Después hay un momento de calma.

Dios no permite que experimentemos más de lo que podemos, aunque sintamos lo contrario. Esa es Su promesa a nosotros.

> *Dios no permite que experimentemos*
> *más de lo que podemos,*
> *aunque sintamos lo contrario.*

Si ha perdido un hijo, mantenga en mente que mientras más permita a otros apoyarle y cuidar de usted, más pronto se recuperará. Los cristianos no se desvían del dolor. Ellos tienen mayores recursos disponibles para manejar la situación. Deje que otros le ayuden, oren por usted y le amen. Diga su historia tantas veces como lo necesite. Escuche los comentarios de un sobreviviente de una muerte neonatal y de un facilitador de un grupo de apoyo:

> Cada vez que hablas de ello, cada vez que vas a través de tu historia y hablas sobre alguna parte del proceso de la aflicción, tan dolorosa como pueda ser en ese momento, haces las cosas más fáciles. Algunas personas necesitan continuar hablando del asunto sólo unas cuantas veces. Otras personas necesitan continuar hablando sobre el asunto una y otra vez. Yo tuve la necesidad de mucho tiempo para decir mi historia. Al menos un año.[12]

Recuperación no significa una conclusión de una vez y para siempre de su dolor, especialmente cualquier pérdida que se refiera a un hijo. Es un proceso de dos facetas: (1) recuperando su habilidad de funcionar como antes, y (2) resolviendo e integrando la pérdida a su propia vida.

En un sentido, sin embargo, nunca se recuperará completamente, porque usted nunca será exactamente como antes fue. Su pérdida lo ha cambiado. Como alguien una vez preguntó en una sesión de consejería: "Si yo no puedo volver a ser de la forma que era, y nunca me recuperaré completamente, ¿qué es esto de recuperarme? Estoy confundida. ¿Qué significa? ¿Cómo puedes recuperarte, pero no conseguir recuperación completa?"

El recuperarse significa que usted toma sus capacidades y atributos de regreso para que pueda usarlos. Significa que llega a un punto donde no está resistiendo su pérdida, sino aceptándola. El aceptarla no significa que usted la hubiera escogido o ni siquiera que le gusta, pero sí que ha aprendido a vivir con ella como parte de su vida. Recuperación no significa que no se entristece ocasionalmente y recuerde las fiestas y fechas especiales. Significa que ha aprendido a seguir viviendo.

Yo aún tengo una cicatriz de una incisión hecha durante una operación cuando era niño. Eso me recuerda que tuve esa experiencia. La recuperación es como la cicatriz de una operación, pero está en un lugar tan sensible que en ocasiones siente el dolor de nuevo. Usted no puede predecir cuándo sucederá. Mientras yo escribía este capítulo y el anterior el dolor regresó a mí en varias ocasiones.

Recuperarse significa invertir de nuevo en su vida. Es posible encontrar una nueva fuente de gozo. Pero puede que usted se sienta incómodo con cualquier cosa que sea nueva. Puede que piense que el experimentar el gozo de la vida, de nuevo, es en cierto sentido algo incorrecto. Además, si comienza a tener esperanza y confianza de nuevo, usted podría experimentar otra pérdida. He hablado con algunas personas que no desean más nunca tener otro hijo o que se distanciaron ellos mismos de los otros hijos para protegerse. El Señor es la fuente de nuestro gozo. El salmista declara que Él "nos viste de gozo". Dios extiende a cada uno de nosotros una invitación de invertir de nuevo en la vida.[13]

*Te ensalzaré, Oh Señor, porque me has elevado,
y no has permitido que mis enemigos se rían de mí.
Oh Señor, Dios mío,
a ti pedí auxilio y me sanaste.
Oh Señor, has sacado mi alma del Seol,
me has guardado con vida,
para que no descienda al sepulcro.
Cantad alabanzas al Señor, vosotros sus santos,
y alabad su santo nombre.
Porque su ira es sólo por un momento,
pero su favor es por toda una vida,
el llanto puede durar toda la noche,
pero a la mañana vendrá el grito de alegría.
Y en mi prosperidad yo dije:
Jamás seré conmovido.*

*Oh Señor, con tu favor has hecho que mi monte permanezca fuerte;
tú escondiste tu rostro, fui conturbado.
A ti, oh Señor, clamé,
y al Señor dirigí mi súplica:
¿Qué provecho hay en mi sangre si desciendo al sepulcro?
¿Acaso te alabará el polvo? ¿Anunciará tu fidelidad?
Escucha, oh Señor, y ten piedad de mí;
oh Señor, sé tú mi socorro.
Tú has cambiado mi lamento en danza;
has desatado mi cilicio y me has ceñido de alegría;
para que mi alma te cante alabanzas y no esté callada.
Oh Señor, Dios mío, te alabaré por siempre.*

Salmo 30 (BLA)

¿Notó lo que ese Salmo dice sobre la aflicción y la recuperación?

En aflicción, nos sentimos a veces como si fuésemos a morir.

En aflicción, nos sentimos a veces como si Dios hubiera escondido Su rostro.

En aflicción, también tenemos ocasiones en que sentimos que Dios nos ha favorecido.

En recuperación, descubrimos que el llorar, ¡no durará para siempre!

¿Qué tal usted? ¿Tiene vestiduras de luto que desea cambiar por ropa de gozo?

Usualmente usted no puede escoger en su pérdida, pero sí puede opinar en su recuperación. Los cambios en su identidad, relaciones, nuevas funciones y aún habilidades pueden ser positivos o negativos.

He conocido personas que han escogido vivir en negación y seguir hacia adelante como si nada hubiera pasado. He conocido también personas que se han trabado al principio de su aflicción, que han escogido vivir vidas de amargura y culpa. Algunos se vuelven tan duros y enojados que es difícil estar alrededor de ellos por mucho tiempo. Ellos han escogido. La vida está llena de pérdidas, pero usted puede escoger el hacer algo constructivo o destructivo con su pérdida. No es la culpa de otras personas ni tampoco de Dios.

¿Habrá algún criterio que pueda usted usar en el proceso de dolor, para evaluar si está ocurriendo la recuperación? Sí, lo hay. A menudo ayuda, procesar tal evaluación con una persona que pueda darle un punto de vista objetivo.

La doctora Therese Rando ha hecho una tremenda contribución al estudio de la aflicción y su recuperación.[14] Ella sugiere que la recuperación debe ser experimentada observando cambios en usted mismo, en su relación con lo que ha perdido y en su relación con el mundo y otras personas. A medida que lea la siguiente evaluación, la conclusión a la que usted llegue, puede que le ayude a conocer dónde está en su proceso de recuperación.

En una escala del 0 al 10 (0 significa "ninguna" y 10 significa "total recuperación en esa área"), califíquese usted mismo al responder a cada pregunta. Esta evaluación está diseñada hacia la pérdida de una persona, pero puede ser adaptada a otros tipos de pérdidas también.[15]

Cambios en mí por causa de mi pérdida

He regresado al nivel normal de funcionamiento en la mayoría de las áreas de mi vida.
    0 _____ 5 _____ 10

Los síntomas de aflicción en general han declinado.
    0 _____ 5 _____ 10

Mis sentimientos no me sobrecogen cuando pienso sobre mi pérdida o cuando alguien los menciona.
    0 _____ 5 _____ 10

SIEMPRE TE AMARE

La mayoría del tiempo me siento bien conmigo mismo.
0 _____ 5 _____ 10

Disfruto experiencias sin sentirme culpable.
0 _____ 5 _____ 10

Mi enojo ha disminuido, y cuando ocurre, lo manejo apropiadamente.
0 _____ 5 _____ 10

No evito pensar sobre cosas que pudieran ser o son dolorosas.
0 _____ 5 _____ 10

Mi dolor ha disminuido y yo lo entiendo.
0 _____ 5 _____ 10

Puedo pensar en cosas positivas.
0 _____ 5 _____ 10

He logrado lo que era necesario en cuanto a mi pérdida.
0 _____ 5 _____ 10

Mi dolor no domina mis pensamientos o mi vida.
0 _____ 5 _____ 10

Puedo manejar esos días especiales o fechas sin que me sobrecojan mis recuerdos.
0 _____ 5 _____ 10

En ocasiones puedo recordar la pérdida sin dolor y sin llanto.
0 _____ 5 _____ 10

Mi vida tiene ánimo y significado.
0 _____ 5 _____ 10

Puedo preguntar *cómo* en vez de *por qué*, en estos momentos.
0 _____ 5 _____ 10

Veo esperanza y propósito en la vida a pesar de mi pérdida.
0 _____ 5 _____ 10

Tengo energía y puedo sentirme relajado durante el día.
0 _____ 5 _____ 10

Ya no sigo luchando con el hecho de que ha sucedido la pérdida. Lo he aceptado.
0 _____ 5 _____ 10

Estoy aprendiendo a sentirme cómodo con mi nueva identidad y el estar sin lo que perdí.
0 _____ 5 _____ 10

Entiendo que mis sentimientos sobre la pérdida regresarán periódicamente y lo puedo aceptar.
0 _____ 5 _____ 10

Entiendo lo que significa la aflicción y tengo una gran apreciación hacia ella.
0 _____ 5 _____ 10

Cambios en mi relación con la persona perdida.

Recuerdo mi relación de forma realista, con los recuerdos positivos y los negativos.
0 _____ 5 _____ 10

Mi relación con la persona perdida es saludable y apropiada.
0 _____ 5 _____ 10

Me siento bien al no pensar sobre la pérdida por un tiempo. No estoy traicionando a aquél que perdí.
0 _____ 5 _____ 10

Tengo una nueva relación con el hijo que perdí. Conozco formas apropiadas para mantenerlo vivo en mi memoria.
0 _____ 5 _____ 10

Ya no salgo en búsqueda de la persona amada.
0 _____ 5 _____ 10

No me siento impulsado a mantener el dolor.
0 _____ 5 _____ 10

Las formas en que mantengo a mi ser querido vivo son saludables y aceptables.
0 _____ 5 _____ 10

Puedo pensar en otras cosas de la vida además de mi pérdida.
0 _____ 5 _____ 10

Mi vida tiene significado aunque esta persona se haya ido.
0 _____ 5 _____ 10

Cambios que he hecho para ajustarme a mi nueva vida

He integrado mi pérdida en mi mundo, y puedo relacionarme con otros en una forma saludable.
0 _____ 5 _____ 10

Puedo aceptar la ayuda y apoyo de otras personas.
0 _____ 5 _____ 10

Soy sincero con mis sentimientos en otras relaciones.
0 _____ 5 _____ 10

Siento que está bien que mi vida continúe aunque mi ser querido ya no esté.
0 _____ 5 _____ 10

He desarrollado un interés en personas y cosas fuera de mí mismo, que no tienen ninguna relación con la persona que perdí.
0 _____ 5 _____ 10

He puesto la pérdida en perspectiva.
0 _____ 5 _____ 10

Isaías dice que Dios "será su reposo" (Isaías 33:6). Su presencia en nuestras vidas nos equipara para recuperarnos.

7

Su matrimonio y los otros hijos

Fuego! Las palabras producen temor en los corazones de todo aquel que vive en zona forestal. Cuando un fuego hace erupción, la mejor estrategia es enfrentarse a él inmediatamente y contenerlo. Se trae el equipo con la mano de obra apropiada, y una de las primeras tareas es construir un rompe fuego para que el fuego no se extienda. En ocasiones esos rompe fuegos surten efecto. Pero cuando no dan resultado, el esfuerzo de los bomberos se traslada del centro de las llamas hacia otros lugares donde puedan surgir nuevos brotes, y el tiempo que se emplea en apagar el fuego se amplía.

Una crisis con un hijo no es muy diferente. Si ésta fuera su única dificultad y pudiera la misma ser contenida, la vida sería más fácil. Pero lo que está sucediendo con su hijo afecta su matrimonio y sus otros hijos también. Sin embargo, no tiene que ser una herencia negativa. Se puede convertir en un tremendo tiempo de crecimiento.

Presiones y tensiones

¿Qué le sucede a la relación del matrimonio? Más presiones y tensiones serán puesta sobre la misma. Muchos matrimonios se rompen por causa del nacimiento y cuidado de un hijo incapacitado o de la muerte de un hijo. ¿Por qué? Muchos factores contribuyen, pero si la relación era frágil anteriormente, la dificultad con un hijo puede que haya sido el golpe decisivo para el rompimiento.

El doctor Rosemarie Cook sugiere que las siguientes variables pueden afectar el matrimonio:

- las personas mismas, cuando traen su pasado al matrimonio.
- la estabilidad y fortaleza de los individuos.
- el nivel de madurez de los individuos.
- la fortaleza de las relaciones antes de que el hijo naciera.
- la salud, educación, y circunstancias financieras de la pareja.
- el número, edad y sexo de los hijos en la familia.
- la fortaleza de la fe de la pareja.
- el apoyo social de la familia.
- los servicios comunitarios que ayudarán con el cuidado del niño.[1]

Un factor que afecta la relación es la separación emocional. Después de descubrir a un hijo rebelde o el diagnóstico de un hijo con una incapacidad, la pareja se concentra tanto en el problema, que ni siquiera comparten una taza de café y una cena mucho menos.

Irónicamente, quizás, una relación matrimonial estrecha puede ocasionar tensiones adicionales.

Si se sientan juntos, su tema de discusión está centrado en el problema y rara vez en ellos. Y cuando dos personas no pueden encontrar consuelo y apoyo emocional entre ellos, puede que encuentren formas de adormecer su dolor en vez de funcionar a través de él. Frecuentemente, otra persona o la ocupación excesiva en actividades fuera del hogar, se convierte en un substituto.

Irónicamente, quizás, una relación matrimonial estrecha puede ocasionar tensiones adicionales. La fortaleza de la relación o puede hacer vulnerable a la culpa y el enojo que a menudo demuestran aquellos que sufren sobre las personas más cercanas a ellos. Y por causa de su cercanía, no solamente siente su propio dolor y aflicción, sino también aquellos de su esposa/o. El énfasis importante en un matrimonio de calidad se convierte en un mayor conductor de dolor. Esto a menudo dificulta obtener descanso o alivio. Puede que usted tema reclamar un tiempo libre de la presión, por causa de su preocupación por su compañera/o.

Cuando la aflicción es severa (como en la muerte de un hijo) o continua (como con un hijo incapacitado o rebelde), su seguridad, fortaleza, aseveración, independencia, y salud están todas bajo ataque. Las diferencias normales y fricciones matrimoniales pueden que se salgan de la proporción por causa de la energía usada en la preocupación con la crisis. Algunos de los problemas comunes son:

- Un compañero sigue haciendo al otro esas preguntas que no tienen respuestas: "¿Por qué? ¿Por qué sucedió? ¿Por qué nosotros? ¿Por qué Dios permitió que esto nos sucediera? ¿Por qué? ¿Por qué? ¿Por qué?"

- Un compañero evita hablar con el otro porque está exhausto, hay distancia emocional, o preocupación de que se vuelvan las cosas peores para él o ella.

- Un compañero hace demandas irracionales, como pedirle al otro que tenga respuestas, arregle el problema, o le quite el dolor.

- Un compañero hace demandas racionales pero irrealísticas, como el pedir que el otro haga tareas que no puede hacer o que se haga cargo de la responsabilidad de ambos.

Este y otros problemas de comunicación empujarán a la pareja cada vez más lejos. Y sobreentendido, aunque a menudo no admitido, está el temor de perder otro miembro de la familia (como su esposo/a) en este momento, y cualquier problema de comunicación enciende el temor.[2]

Diferencias en la aflicción

Tenemos la tendencia de asumir que cuando hay una pérdida en la familia, todo el mundo se aflige de la misma forma y al mismo grado. Sin embargo, no hay nada más lejos de la realidad, porque todos nos afligimos de una forma personal. Cada persona ha sufrido una pérdida diferente, ya que cada persona en la familia tenía una relación única con el niño. Los diferentes papeles y relaciones, así como la cantidad de tiempo pasado con el niño, afectarán al afligido.

En el caso de un bebé no nacido aún o de un bebé recién nacido pero incapacitado, la pérdida afectará más a sus esperanzas y expectaciones. Viendo el guante de pelota y la pelota de balompié, que fuera comprada antes del nacimiento, puesta en la habitación de un hijo incapacitado para nunca ser usada, puede que afecte al padre atlético más que a la madre. Si ha esperado para tener hijos a estar en sus treinta y luego tiene un bebé con un Síndrome de Down, sus esperanzas para otros hijos pueden que entren al mundo de lo perdido. O el tener un hijo para quien guardabas grandes esperanzas en logros académicos puede que le lleve a una pérdida mayor si él se sale de la escuela superior y luego es arrestado por vender drogas.

Usted y su esposo/a no se afligirán de la misma forma tampoco, ya que el hombre y la mujer lo hacen de forma diferente. Desafortunadamente nosotros esperamos esto. El hombre hablará sobre los hechos: "Mi hijo se salió del colegio", en vez de expresar sus sentimientos: "Estoy tan desilusionado con él. En estos momentos me siento deprimido y me pregunto si valió la pena todo el tiempo y el esfuerzo". Después de un tiempo, el hombre se vuelve silencioso sobre su pérdida. Su aflicción parece declinar más rápidamente, cosa que puede hacer sentir a su esposa como si a él no le importara tanto el problema o el hijo. (El capítulo 9 trata más a fondo con los hombres y su aflicción.)

Usted tampoco estará sincronizado en su aflicción en el sentido de que si uno de ustedes está estabilizado, el otro estará triste y viceversa. Otras diferencias incluyen lo siguiente:

- *La forma de expresar sus sentimientos.* Uno puede que desee hablar, mientras que el otro no. Si uno tiene la tendencia de hablar de todas formas y el compañero/a es callado, la diferencia puede intensificarse en estos momentos. También puede ser un problema, cuáles de los sentimientos se expresan: Uno derrama lágrimas de tristeza, mientras que el otro declara palabras fuertes de enojo y protesta.

- *Cómo enfrentarse al trabajo y las actividades diarias.* A menudo una de las personas queda inmóvil por causa de la crisis y el nuevo sentido de responsabilidad. Pero entonces para la otra, el trabajo y las actividades resultan un alivio bienvenido.

- *Cómo relacionarse con las cosas que traen recuerdos.* Fotografías y objetos de momentos agradables con el hijo que es ahora un rebelde o ha muerto, puede ser algo que ocasione conflicto. Uno los desea tener constantemente a la vista y el otro puede que lo quiera fuera de su vista. Con un hijo incapacitado, un padre puede que desee aun comprar ciertos artículos, mientras que el otro no ve ninguna necesidad para ello.

- *Cómo reaccionar con el otro hijo.* Un padre puede que busque involucrarse más con el hijo, mantener un nivel normal de relación y compartir su dolor, o alejar al hijo para protegerlo de su propio dolor. Cualquiera que sea la dirección que ese padre escoja, lo más probable es que el otro esté haciendo algo diferente. Aquí puede multiplicarse el problema, porque el hijo puede que desee algo completamente diferente de los padres.

- *Cómo buscar apoyo de otras personas.* Puede que uno desee buscarla de los amigos o grupos de apoyo,

mientras que el otro es posible que no desee ningún contacto.
- *Cómo responder sexualmente el uno al otro.* Cuando el hijo muere, las relaciones sexuales pueden ser afectadas hasta por dos años. El temor de tener y perder otro hijo y la culpa sobre experimentar el placer son problemas comunes. Para evitar más heridas, usted puede evitar la intimidad. A menudo el que desea relaciones sexuales tiene dificultad para entender por qué el otro lo está evitando. Esto puede ser algo que ambos necesitan, pero que uno de los dos no puede manejar en el momento. El nivel de cansancio físico y el agotamiento de energía mental también afecta contra los intereses sexuales.

Cuando se escuchen el uno al otro, escucha, qué es lo que tu esposo/a tiene dificultad de expresar en palabras.

- *Cómo responder a la vida que has vivido hasta ahora.* Uno de ellos desea continuar con la vida como era hasta el momento porque ayuda a controlar el dolor. Pero puede que el otro encuentre que el seguir la misma rutina y el socializar lo hace sentir culpable. Parece como una traición. A veces con un hijo rebelde, uno de los padres desea que su vida continúe para dejar saber al hijo que lo que él o ella ha hecho no va a afectar la familia.
- *Cómo respondes a tu fe cristiana.* Les puede unir o, puede que se convierta en un abismo entre los dos. Algunos aprenden a depender más en el Señor y encuentran promesas consoladoras en las Escrituras, pero puede que el esposo/a sienta que Dios les ha fallado y no quiera de inmediato ninguna relación con El.[3]

Manteniendo el matrimonio fuerte

Para evitar tener estos problemas afectando el matrimonio, las parejas pueden tomar varios pasos para ministrarse ellas mismas y el uno al otro.

1. Aparte un tiempo regularmente cada día para hablar sobre eventos y compartir los pensamientos y sentimientos de ambos. Haga de éste un tiempo probado, sólo para ustedes dos, y elimine toda posible interrupción antes de empezar.

2. Cuando se escuchen el uno al otro, escucha, qué es lo que tu esposo/a tiene dificultad de expresar en palabras. Reflexione sobre lo que ha pensado o sentido que está experimentando su esposo/a. Si su compañero/a está luchando con algún problema, no trate de "arreglarlo" a menos que se lo pida. A menudo el escuchar es suficiente ayuda.

3. Acuerden actividades familiares que siempre serán compartidas por ambos esposos, aunque quizás usted desearía que el otro tomase toda la responsabilidad por ambos. Acuerde también actividades que ambos puedan hacer sin depender del otro.

Haga el propósito de salir juntos una vez a la semana, sienta deseos o no. Y cuando lo haga, ponga reglas sobre lo que se puede hablar; concéntrense en hablar sobre temas ajenos a la dificultad con su hijo. Ustedes necesitan tiempo privado juntos para alimentar sus relaciones. Sin importar lo mal que estábamos financieramente —y por unos cuantos años la situación estuvo muy difícil—, nosotros decidimos que nunca discutiríamos si teníamos dinero o no para pagar una nana para Matthew. Esas salidas eran una necesidad para poder sobrevivir nosotros.

4. Además del tiempo junto, cada uno de ustedes necesitará tiempo a solas. Anímense el uno al otro a hacer esto en vez de resistirlo. Convengan para que uno haga las veces de los dos, como padres, por un rato. Una esposa me dijo que los 15 minutos al día que su esposo le daba como regalo valían más que ninguna otra cosa que él pudiera hacer, (en ocasiones era media hora).

Su esposo inclusive le preparó una bañadera de burbuja y puso sus novelas junto a ella, para que pudiera leer. La esposa me dijo que este ritual diario la transformó en una mujer nueva. A veces las parejas toman las responsabilidades del otro por medio día los sábados.[4]

El otro hijo

Siempre que hay una pérdida de cualquier tipo con un hijo en la familia, los otros hijos son afectados también. Ellos tienen una necesidad mayor que la usual. Desean más cuidado de sus padres, en esos momentos en que los padres tienen menos que dar.

Si su familia ha sufrido tal pérdida, puede que su otro hijo esté pasando por un tiempo difícil mientras que todas sus energías están dirigidas a lidiar con el hijo rebelde, llorar la muerte del hijo, o tratar de descubrir la condición exacta de su hijo incapacitado. A menudo el otro hijo lucha con la culpa porque ellos son "normales" mientras que su hermano no lo es, o porque ellos están vivos y su hermano muerto. Peor aún, ellos pueden sentir que algo que ellos dijeron, hicieron o aún sintieron, pueda haber creado el problema.

Muy a menudo cuando las crisis surgen, nadie piensa en hablar con los otros hijos sobre lo que está sucediendo y por qué. Como consecuencia, ellos continúan luchando con sus sentimientos, preguntas y dolor. Pueden sentirse solos y bien enojados. Pueden responder de muchas formas, especialmente si se sienten abandonados.

Es posible que usted no vea un cambio visible en su hijo, o que vea un cambio positivo a medida que el hijo decide portarse excesivamente bien como su método de sobrevivencia. Hace pocas demandas de sus padres exhaustos y tensos, y trata de ayudar. Pero él también tiene necesidades que tienen que suplir sus padres, y también necesita una oportunidad de afligirse.

Muchos niños esconden su sufrimiento y tienen que lidiar con él, años después, ya mayores. Pero otra reacción común es el emplear mecanismos para adquirir atención, cuando su hermano/a está rebelde, y especialmente si el hijo es incapacitado. Es la única forma que ellos conocen de recobrar la atención de sus padres. Si sus intentos son ignorados o minimizados, ellos pueden intensificar sus esfuerzos en esta dirección al buscar el uso de las drogas, escapando de la casa, prendiendo fuegos, destruyendo propiedades y cosas semejantes. Expresar enojo es una forma de buscar atención.[5]

Los niños que crecen con un hermano incapacitado a menudo sienten un fuerte sentido de responsabilidad, ya sea impuesto por ellos mismos o inculcado por sus padres. El doctor Charlotte Thompson nos cuenta la historia de una pediatra que creció con un hermano incapacitado. La familia sabía que algo andaba mal con el hermano, pero el problema no fue diagnosticado hasta que tuvo quince años. No se esperaba que él tuviera responsabilidades o trabajos fuera de la casa como otros niños. Los padres tenían tiempo y dinero para él, pero muy poco para los demás hijos. Ellos permitían las explosiones de cólera y enojo de este, pero no toleraban ninguna expresión de enojo de los otros.

El niño incapacitado sabía que era favorecido y lo usaba para su ventaja. El terminó siendo considerado como el hijo bueno y los otros como los malos.

Finalmente, el problema fue diagnosticado y el tumor fue removido, para ese entonces las finanzas de la familia había aminorado. Durante ese tiempo, los otros hijos nunca expresaron su preocupación sobre la injusticia. Cuando esta pediatra fue a consejería para su matrimonio, su terapeuta le dijo:

> Usted ha estado cargando a su hermano en su espalda toda su vida, que es probablemente una de las razones por la cual escogió pediatría. Usted ha tratado de entender qué fue lo que sucedió con su hermano y por qué usted siempre sentía que le estaba apretando el cuello como una piedra de molar. Usted tiene un alto y excesivo sentido de responsabilidad hacia otros niños y ha tratado de ser madre del mundo. Esto ha causado problemas emocionales, problemas maritales,

y la ha dejado agotada en sus sentimientos, enojada e incompleta. En esencia usted ha tenido que ser su propio padre, y después que murieron sus padres, ha sentido una tremenda responsabilidad por su hermano. Por usted transferir la dependencia que él tenía de sus padres sobre usted, se creó a sí misma un problema muy difícil. Debe saber que las personas llegan a no gustarles, o aun a odiar, a los individuos cercanos de los cuales se sienten depender. Esto seguramente fue el caso de su hermano. Primero él odió a sus padres y ahora la odia a usted.[6]

Esta situación pudo haber sido evadida si los padres se hubieran comunicado con los otros hijos y ellos todos, hubieran trabajado juntos como un equipo. Pero, ¿quién ayuda a los padres a lidiar con su aflicción y les ofrece guías para responderle a sus hijos? Usualmente nadie, lo cual es la razón por la que necesitan la ayuda de otros padres que hayan pasado por los mismos problemas.

Puede que se dé cuenta de que no está haciendo lo que desea o necesita hacer, con los otros hijos. Su aflicción agota sus energías y la inversión emocional que desea hacer en ellos. Así que siente que no es el padre que desea ser, cosa que añade a su frustración y sentido de fracaso. Pero durante el principio de la crisis con su hijo, es irreal el pensar que usted pueda actuar de la forma que desea con sus otros hijos. Sencillamente no tiene lo suficiente para dar.

Usted también fluctuará en sus sentimientos y reacciones con sus hijos. Puede que sienta resentimiento de que sus otros hijos están saludables, o que parezca que no están tan preocupados o lo suficientemente dolidos, o se han ajustado muy rápido. Parte de su reacción es su enojo sobre lo injusto de lo sucedido. Es posible que piense que usted no puede invertir lo que desea o que ha perdido su habilidad de dar. O puede que se sienta con temor de invertir porque algo malo puede pasarle a estos hijos. También puede sobrerreaccionar y sobreproteger. El estar consciente de estas dificultades puede ayudarle a evadirlas.[7]

Las investigaciones nos han provisto información beneficiosa sobre qué esperar y qué puede ser evadido.

- Los hijos mayores se ajustan mejor que los hijos pequeños al tener un hermano o hermana incapacitado, con la excepción de la hija mayor, que no se ajusta tan bien.
- La hija mayor a menudo se le da la tarea de cuidar al niño con necesidades especiales, con más frecuencia que a cualquier otro hijo en la familia.
- Los hijos son más afectados al tener un hermano con incapacidad si ese hijo es del mismo sexo.
- Si solamente hay dos hijos en la familia y si el hijo no incapacitado es una niña, ella sufre más efectos adversos.
- Si solamente hay dos hijos en la familia y uno tiene una incapacidad, el otro tiene mayor presión de cumplir los anhelos y sueños de éxito de los padres, en sus hijos. Si el hijo incapacitado es una niña, se le asigna más responsabilidades de cuidado.
- Los hermanos de niños incapacitados tienden a demostrar cualidades positivas de estar bien ajustado, más maduro que la edad que tienen, tolerante de las diferencias en las personas, ayudan a las personas, y conscientes de necesidades sociales.
- Los hermanos pueden ser excelentes maestros de sus hermanos y hermanas con incapacidad porque están en una posición diferente en la familia.
- Los hermanos pueden juzgar el valor de sus amigos por la reacción de éstos ante su hermano o hermana incapacitado.
- Los hermanos pueden experimentar culpa a medida que sobrepasan en conocimientos y habilidades al hermano o hermana menor e incapacitado.

- Los hermanos pueden sentirse presionados a sobresalir.
- Los hermanos puede que se identifiquen con un hermano o hermana ligeramente incapacitado, o puede que a medida que llegan a la adolescencia, no consideren a un hermano severamente incapacitado como persona.
- Los hermanos pueden sentir que el requerimiento de ayuda de sus padres para con su hermano o hermana incapacitada es una intromisión en su tiempo, o pueden verlo como un privilegio el cooperar con los padres.[8]

Es interesante que, el escoger una profesión de ayuda como vocación, es común entre los hermanos de personas incapacitadas. A veces el otro hijo carga culpa, sentimientos de responsabilidad, o un sentido de tristeza crónica o una melancolía hacia su vida de adulto. En ocasiones el aceptar un hermano o hermana incapacitado se hace más difícil a medida que el muchacho es mayor. Como lo dijera la hija de unos amigos: "Yo crezco y cambio. Pero mi hermana se queda igual, y en ocasiones tal parece que va hacia atrás. Ella es adulta como yo, pero yo soy una adulta realmente, y ella aún es un infante. Y siempre lo será. Es triste".

Los hermanos enfrentan numerosas presiones que nosotros ni siquiera imaginamos. ¿Qué es lo que un niño le dice a otro cuando se le pregunta sobre la muerte de un hermano menor?

¿Qué le dice un niño a otro cuando se le pregunta sobre una hermana mayor que está en drogas y acaba de quedar embarazada?

¿Qué le dice un niño a otro cuando se le pregunta sobre un hermano que no luce incapacitado en ninguna forma, pero no puede hablar?

Con frecuencia, mientras menor sea la *gravedad* de la incapacidad, más difícil es para el hermano, ya que puede sentirse avergonzado de la forma de comportarse de su hermano/a.

Matthew y Sheryl

Nosotros nos preguntamos cómo Matthew afectó a nuestra hija, Sheryl. Ella parecía manejar su presencia muy bien, pero nunca nos sentimos seguros. Recordamos varios incidentes a través de los años. Un día cuando Matthew era muy joven, Sheryl estaba en la casa de un vecino donde tenían un bebé tres meses más joven que Matthew. Ese bebé se viraba y se sentaba. Sheryl vino a casa y preguntó por qué ese bebé podía hacer todas esas cosas y Matthew no, aunque él era mayor. Cuando Joyce le dijo que Matthew era más lento y que no podría hacerlo por un tiempo, Sheryl no dijo nada, pero el dolor era visible en su rostro.

A medida que Sheryl creció, ella nunca ignoró el hecho de que su hermano era mentalmente retardado. Nunca escondió el hecho a sus amistades. Nos preguntamos si estaría avergonzada sobre esto, pero ella traía a sus amigos a la casa, y cuando conocían a Matthew, casualmente decía: "Este es mi hermano Matthew. El es retardado". Entonces continuaba con lo que estaba haciendo. Sus amigos eran los que parecían no saber qué responder. A medida que Sheryl cursó por la escuela intermedia y superior, notamos que ella parecía ser sensitiva a las necesidades de otras personas retardadas y con tendencia a protegerlos si otros las maltrataban.

Recientemente hablé con Sheryl, quien al tiempo de estas líneas tiene treinta y un años de edad. Le preguntamos cómo Matthew la había afectado en su vida y qué problemas experimentó teniendo un hermano incapacitado.

"Yo no pienso en ningún problema que tuviera con Matthew por ser retardado cuando era joven —ella dijo—, no me sentí marginada en ninguna manera. En realidad mi primer recuerdo de Matthew fue cuando la abuela y yo lo fuimos a llevar a un paseo en coche por el vecindario y él tuvo una convulsión. Abuela se puso muy nerviosa. Yo fui a una casa, toqué la puerta, le dije a la señora que mi hermano estaba teniendo una convulsión y le pedí una cuchara. La señora y yo le ayudamos a introducir la cuchara en su boca para que no se ahogara. Yo no estaba nerviosa. Me hizo sentir que era parte de la familia, ya que pude ayudar.

»Cuando era pequeña, su condición no me molestaba. Era lo mismo que volar en avión o sentir un terremoto siendo niña. Yo no entendía completamente el significado y todas las consecuencias de esas situaciones, no la de retardo. Cuando fui adulta, comprendí y entonces fue difícil lidiar con esto. No soportaba ir al hogar donde vivía Matthew, y ver a los otros niños incapacitados. Sencillamente me destrozaba el alma. Yo aún tengo una gran dificultad cuando veo niños retardados hoy día".

Después que Sheryl nos contó esto, hablamos un poco más. Le dije que yo la entendía y también tenía una reacción y sensibilidad similar al ver cualquier persona con una incapacidad. Me tomó años el descubrir que lo que estaba sintiendo era el deseo de poder ir a esa persona y sanarla —hacerla a él o ella sana—, seguido por la frustración de saber que no podía hacerlo.

Sheryl me impresionó con su respuesta: "Yo no pienso que la retardación de Matthew era algo que nosotros debíamos de tratar de sanar. Pienso que su propósito era traer sanidad a todos nosotros. Nosotros somos diferentes por causa de él. Sé que yo soy una persona diferente por causa de Matthew".

Me quedé de pie en silencio, dejando que la verdad de su declaración tan profunda penetrara en mí. Sus palabras me dejaron sin habla. Mis lágrimas fueron la única respuesta que pude dar. Cuando se me acercó para abrazarme, le dije que esa era una de las cosas más especiales que ella había dicho.

Cómo puede usted ayudar

¿Qué puede usted hacer para ayudar a sus hijos? Déle tiempo ininterrumpido a cada hijo, y escuche sus preocupaciones. Esto es de valor no solamente para su hijo, sino que también lo ayudará a cambiar la atención de la crisis o el problema hacia las faenas normales de la vida. Todos necesitamos un descanso ocasional de la crisis. Explique la situación, y también la perspectiva del futuro, a cada hijo, de acuerdo a su nivel de entendimiento.

Quizás el paso de mayor ayuda que pueda tomar (aunque es uno muy difícil por causa de lo que está experimentando usted mismo) es el de ayudar a sus otros hijos en su aflicción y a manejar el dolor desde su perspectiva. Ellos se afligen igual que usted, pero lo manifestarán de forma diferente. Muy a menudo, los padres asumen que sus otros hijos no entienden o que no son tan afectados por la crisis, pero eso no es verdad. Usted no puede proteger a sus hijos de su propio dolor durante una crisis de familia. Los padres son especialmente propensos a tratar de "rescatar" a los otros hijos. En el caso de un hijo que está en rebelión, los hermanos puede que estén luchando con desencanto, enojo sobre la interrupción en la familia, el dolor sobre la pérdida personal asociada con una relación rota con su hermano, o la tensión sobre lealtades en conflictos entre los padres y el hermano.

Con un hermano incapacitado, el dolor puede basarse en la pérdida de la relación que ellos esperaban o por la rutina de la casa.

Cuando un niño muere, el hermano lucha con muchos factores añadidos a su dolor. Es posible que él viva más tiempo con esta muerte que los padres. Se vuelve muy conscientes de que él también puede morir. A veces lucha con la culpa sobre sus relaciones con el hermano muerto y su incapacidad de prevenir esa muerte. Su torbellino emocional es una combinación de sus propias aflicciones y las suyas. Usted necesita estar consciente de cualquiera de sus intentos de quitarle su dolor comportándose de forma perfecta con usted, o tratando de ser un reemplazo.[9]

Los niños no están tan equipados como los adultos para manejar pérdidas, especialmente cuando envuelve a un miembro de la familia. Sus procesos de pensamiento son inmaduros. Ellos tienen poca experiencia de donde sacar, les falta vocabulario para describir sus pensamientos y sentimientos, y toman las cosas literalmente. Por ejemplo, si le dice a sus hijos que ha perdido a alguien cercano a usted, ellos pueden asumir que la persona puede volver a ser encontrada.

Los padres necesitan identificar cualquier cosa que pueda inhibir la habilidad del niño del dolor de perder a un hermano. Estos son los obstáculos más comunes:

- Los padres tienen dificultades demostrando la aflicción en el pasado o en el presente y carecen de un modelo a seguir.

Los niños no están tan equipados como los adultos para manejar pérdidas, especialmente cuando envuelve a un miembro de la familia.

- Los padres no son capaces de manejar las expresiones de dolor de sus hijos.
- Los niños se preocupan cómo los padres están manejando la pérdida y tratan de protegerlos.
- Los hijos están demasiado preocupados tratando de mantener el control y de sentirse seguros y puede que tengan miedo o se sientan amenazados por su dolor. El sentimiento puede que sea muy intenso.
- Los hijos no tienen la seguridad de un medio ambiente de amor y cuidado.
- Los padres no estimulan cuidadosamente y animan a los hijos en su aflicción.
- En el caso de la muerte de un hermano, los hijos pueden preguntar sobre su papel en lo sucedido. Esta culpa mal definida es más grave si tienen sentimientos ambivalentes hacia el hermano.
- La familia no reconoce y discute la realidad de la muerte o de la pérdida.

No importa el tipo de pérdida que su familia haya experimentado, los siguientes pasos ayudarán a sus hijos en el proceso de la aflicción:

1. Los niños necesitan aceptar la pérdida, experimentar el dolor y expresar su tristeza. Anímelos a hablar sobre sus sentimientos. Ayúdelos a sacar fuera esos sentimientos.

2. Los hijos necesitan ayuda para identificar y expresar la amplia variedad de sentimientos que están experimentando. Déles permiso para llorar, para sentirse triste y solitarios. Sea un oidor cuidadoso.

3. En el caso de la muerte, los niños necesitan ser animados a recordar y revisar sus relaciones con su hermano. Ver fotos y videos y recordar actividades juntos es algo importante.

4. Los niños necesitan ayuda en aprender a abandonar y decir adiós a aquello que han perdido, ya sea un hermano que ha muerto o sus esperanzas y relaciones con un hermano incapacitado o rebelde.

5. Recuerde que cada hijo responde diferente a una pérdida, dependiendo de la edad y el nivel emocional de madurez.

Mientras más joven el hijo, mayor es el sufrimiento íntimo. Ellos no tienen su capacidad de tolerar el dolor o la pérdida por largo tiempo, así que se afligen por un tiempo, juegan por un tiempo, y así sucesivamente.

Los niños que experimentan la muerte de un hermano pueden experimentar un sinnúmero de temores, incluyendo los siguientes:

- El temor a perder a sus padres, otros hermanos, o abuelos. Ellos tienden a ver al resto de las personas como candidatos para morir.

- Temor a su propia muerte, especialmente si son menores que su hermano que murió y están llegando a la edad en la cual él o ella murió. Si hubo un accidente que incapacitó, puede que se preocupen a medida que llegan a esa edad.

- Temor a dormirse porque ellos igualan el sueño con la muerte. Aun la oración: "Si muriera antes de

despertar..." refuerza ese error. Sueños y pesadillas intensifican el temor.
- Temor a separarse por causa de la inseguridad percibida en el hogar y la familia. Ellos no se sienten ya protegidos sino con temor a que cualquier cosa pueda suceder. Y están temerosos de hablar sobre sus sentimientos por temor a disgustar a otro miembro de la familia.

Otro problema asociado a la aflicción es la culpa. Tal parece haber tres razones principales por las cuales los niños sienten culpa, cuando sufren una pérdida:

1. "Ella murió (o se fue o está incapacitada) porque yo hice algo malo. ¡Me porté mal!"

Los niños tienen la habilidad de recordar cosas que han hecho que ellos piensan eran malas. Puede que hayan cometido un error, roto algo, u olvidado decir o hacer algo. Igual que los adultos, ellos pueden terminar con una increíble lista de "si tan solo" o remordimientos.

2. "Yo deseaba que muriera. Lo pensé y sucedió".

Los niños pequeños piensan que pueden hacer que sucedan las cosas con tan sólo pensarlo. Es fácil para los niños el pensar que su enojo o agresión puede matar a su hermano, por ejemplo, o volverse como su hermano. Debido a que ellos toman esta responsabilidad, entonces viven en temor de que se les descubra y se les castigue.

3. "No la quise lo suficiente".

Los niños piensan que el amar lo suficiente a alguna persona puede evitar que esta muera. Ellos añoran por una segunda oportunidad para arreglar las cosas.

Otra reacción de dolor común es el enojo. Un sinnúmero de creencias detonan el enojo de los niños. A menudo se sienten abandonados y dejados a su propio destino, solos. Están enojados porque su futuro ha sido dramáticamente cambiado, ellos no estarán más con ese hermano o hermana especial. He visto a hermanos menores muy enojados con sus hermanos mayores por causa del caos que ha creado su rebelión.[10]

El matrimonio y los otros hijos

Su matrimonio y sus otros hijos no tienen que ser el segundo accidente de la crisis original. Usted puede iniciar pasos para fortalecer su matrimonio y su vida familiar, y entonces tendrá una mayor fuente de fortaleza de donde sacar a medida que se enfrenta a los problemas que salen a su paso. A medida que su familia trabaja, juega y adora junta, usted va a descubrir un consuelo sanador en estas relaciones. Esté seguro de permitir que los otros miembros de la familia le ministren a medida que usted le ministra a ellos.

8

Familias que lo logran

Los cambios son inevitables cuando las crisis invaden su familia. ¿Desea ser una víctima de la dirección que toman las cosas cuando llega el cambio, o desea estar en control de ella? Usted puede escoger.

¿Palabras duras? Sí. ¿Palabras llenas de verdad? Sí. Si usted ha experimentado su crisis, sabe de lo que estoy hablando. Algunas familias se unen y se vuelven más compasivas. Otras se quiebran y pronto se desintegran.

Las hemos visto. Cuando Matthew vivía en el Hogar Cristiano de Salem, 20 niños con incapacidades múltiples ocupaban su unidad. Sólo unas pocas de esas familias estaban intactas. La mayoría se habían fragmentado.

Muchas familias, en vez de buscar las soluciones para su dolor sus problemas, comienzan a atacarse unas a otras en los meses que siguen a las crisis, ya sea por el nacimiento de un hijo incapacitado, el descubrimiento de la incapacidad de un hijo, una muerte o la rebelión del hijo. Y si los conflictos han sido enterrados por años, aquello que lo reprimía regularmente desaparece en estos momentos, y explotan. Así que la familia no solamente tiene que lidiar con la crisis misma, sino también con los conflictos que no han sido resueltos. Cada uno drena energías que son necesarias para el otro.

La familia funciona unida como un sistema o un cuerpo grande. Cada persona es parte del mismo. Cuando el cuerpo pierde un brazo (como en una muerte), está herido permanentemente (como con un hijo incapacitado), o si una parte rehúsa cooperar con el resto y hace su propio mundo (como en un hijo rebelde), todas las otras partes son afectadas. Ellas tienen que aprender a ajustarse, y en ocasiones, a asumir nuevos papeles.

Es similar a una balanza de peso antigua. Si algo es añadido a un lado, altera el otro lado por la misma cantidad, pero en dirección opuesta. Si la escala va a estar balanceada de nuevo, algo tiene que ser añadido a un lado o algo hay que substraer del otro.

Su familia es como esa balanza. Los miembros tienen que ajustarse a manejar el cambio y volver a estar balanceados. Muchos aspectos de la vida familiar, incluyendo el poder, responsabilidades y funciones, es posible que tengan que ser reasignados. Mientras más tiempo el individuo central permaneció en la familia o mientras mayor es el significado de su posición (como en el caso de un hijo mayor rebelde), mayor será el ajuste que habrá que hacer.

He visto casos en que un hijo ha cometido ofensas tan serias que alejaron la atención de los padres, de sus problemas matrimoniales. Pero cuando el hijo fue encarcelado y no estuvo más con ellos, los problemas aparecieron de nuevo, y luego otro hijo comenzó a causar problemas para calmar las tensiones maritales. En algunas familias, cuando un hijo incapacitado es internado en una residencia en forma permanente, fuera de la casa, otros problemas que habían pasado desapercibidos, comienzan a surgir.

Entre el tiempo que ocurre una pérdida y los miembros individuales de la familia descubren sus nuevas funciones y se estabilizan, hay un tiempo de incertidumbre y confusión. Por causa de la realidad de la pérdida es difícil hacer algunos de los cambios necesarios. Cada miembro de la familia necesita tiempo y espacio para lidiar con la pérdida en su propia forma. Puede que le tome tiempo a cada uno para encontrar su nueva función, especialmente si ha ocurrido una muerte. Usted se sentirá como un malabarista a veces, tratando de manejar sus propias necesidades y aun ser útil a los otros miembros de la familia. Después que golpea la crisis, usted tendrá que pesar las necesidades de un miembro de la familia en particular, contra las necesidades de toda la familia. Necesitará buscar un equilibrio. ¿Qué usted hace, por ejemplo, cuando un hijo muere o se va de la casa en días cercanos a la Navidad? ¿Cómo responde cuando algún miembro de la familia desea tener un árbol de Navidad y celebrar la Navidad y otros miembros de la familia no?[1]

Problemas potenciales

Siempre que una crisis envuelve a un niño, usted tiene que estar consciente de la tendencia que hay, de crear un "reemplazo del niño". En ocasiones, de los hijos que sobreviven, se espera la suplencia de las necesidades de los padres, que han sido dejadas vacante por el niño ausente. Esto puede crear problemas emocionales severos. En algunos casos extremos, los padres deciden tener o adoptar otro hijo para tomar el lugar del que murió o del rebelde que se ausentó. Es como si ellos quisieran otra oportunidad de llenar sus necesidades. Pero usted no puede crear de nuevo a un hijo perdido o uno rebelde.

Los padres también tienen la tendencia de sobreproteger o ser sumamente estrictos con los hijos que quedan. Desean asegurarse que lo que le ha pasado al otro hijo no le pase a los otros. Pero mientras que tratan de atraer a estos hijos más cerca a ellos, mediante restricciones y limitaciones, lo que están haciendo posiblemente es que los están alejando más y más. Los hijos pueden aprender a resentir su forma de ser y terminar alejándose que es lo que los padres trataban de evitar.

Como mencionara antes, es posible que usted luche si sus otros hijos no responden a la crisis en la forma que usted responde o piensa que ellos debieran responder. Puede que usted se resienta con ellos porque parezca que se han ajustado muy pronto o no se dan cuenta de la gravedad de lo sucedido.

Las familias que lidian bien con descorazonamientos y crisis tienen características específicas, como las tienen aquellas que no saben manejar bien la situación. Consideremos primero las familias que no saben manejar la situación. *La mayoría de estas familias no están preparadas para los golpes de la vida.* Ellos sobreviven bien cuando las cosas van bien. Algunas personas en realidad niegan la posibilidad de que estas crisis le sucedan a ellos. Cuando otros experimentan un divorcio, muerte, desempleo, o enfermedad, pocas veces sienten alguna compasión. He hablado con personas que han asistido a mis seminarios "Recuperándose de la pérdida", que tienen dificultad para identificar cualquier pérdida mayor en sus vidas.

Un hombre dijo: "Norm, yo simplemente no puedo relacionarme con ninguna de estas experiencias que las personas están describiendo. ¿Qué expresa eso de mí? ¿Será esto un problema en mi vida?"

"¿Cómo manejarías la situación si experimentaras una crisis de tragedia mayor? —le pregunté—. "¿Qué harías?"

El hizo una pausa por un momento y luego me dijo: "Yo no sé. Nunca he pensado sobre esto. Me imagino que jamás he pensado que pueda sucederme a mí".

Desafortunadamente, demasiadas personas piensan que sólo puede pasarle a otros, y no a ellos.

Una segunda característica de las familias que no pueden manejar bien las crisis es que *frecuentemente ellos se hieren los unos a los otros al guardar silencio.* Es un reto, pero la interacción entre los miembros de la familia es vital. A menudo, sin embargo, se retraen en sus propios mundos y no expresan sus pensamientos y sentimientos. O dentro de la familia, algunos desean hablar, pero los otros no. Es posible que la familia no se comunique en los momentos críticos porque nunca aprendieron a hacerlo cuando todo marchaba bien. No es probable que las personas tengan la energía, tiempo y capacidad de aprender habilidades de comunicación cuando su vida se está cayendo en pedazos alrededor de ellos cuando tienen una crisis.

La mayoría de las personas no se dan cuenta que la persona(s) callada(s) tiene poder sobre otros miembros de la familia. Para aquellos que quieren hablar, el silencio de otros se añade a la presión de la crisis, y ellos también terminan sintiéndose rechazados. El silencio es una característica de las familias que no son funcionales; ello destruye y retarda la esperanza.

No es probable que las personas tengan la energía, tiempo y capacidad de aprender habilidades de comunicación cuando pasan por una crisis.

A medida que el silencio progresa, la separación y frustración aumenta, las cuales pronto se desarrollan en otra característica de las familias que no pueden manejar la situación —la culpa.

La culpa es una de las características más importantes de estas familias. A ninguno de nosotros nos gusta estar fuera de control y dejado a un lado. Tiene que haber algún procedimiento para descubrir qué ha creado el problema inicialmente. Si tenemos una explicación de lo que ha sucedido, podemos entenderlo mejor, manejarlo mejor, y sentirnos aliviados de que la culpa fue de otra persona. Mientras más seria es la crisis, mayor será la necesidad de descubrir la causa. Las frases que comienzan con: "Si tan sólo tú hubieras, o no hubieras..." o "¿Por qué tú no hiciste o hiciste..." comienzan a ser lanzadas de una persona a otra, y si un miembro de la familia conoce las áreas de vulnerabilidad de la otra persona, las acusaciones pueden salir llenas de rencor.

Puede que usted no desee culpar a los otros. Lógicamente, el culpar no tiene sentido. Pero el buen sentido no es algo que prevalece en estos momentos. Más bien el surgimiento de confusiones emocionales y luchas para buscar una razón para la dificultad, se convierte en lo más predominante.

Como todos son vulnerables en estos momentos, las acusaciones y otros comentarios penetran a lo más profundo de la mente y el corazón del que las recibe y lo recordará por años. Nadie desea ser injustamente acusado o culpado. En el libro de Proverbios leemos: *"Hay hombres cuyas palabras son como golpes de espada; más la lengua de los sabios es medicina"* (12:18), y *"En las muchas palabras no falta pecado; mas el que refrena sus labios es prudente"*. (10:19). Estos versos reflejan claramente el dolor de acusaciones injustas.

Una mejor forma de alcance es el seguir la enseñanza de estos pasajes: *Panal de miel son los dichos suaves; suavidad al alma y medicina para los huesos"* (Proverbios 16:24), y *Manzana de oro con figuras de plata es la palabra dicha como conviene"* (Proverbios 25:11).

Otra característica común de las familias que no saben lidiar con las crisis, es que *exageran la seriedad de sus problemas.* Lo llevan al extremo a medida que los discuten y se imaginan las peores consecuencias posibles en vez de estar esperanzados para ver un mejor resultado al final. Ellos hablan demasiado, y en forma equivocada. Cuando discuten sus crisis entre ellos mismos, sin ninguna persona ajena envuelta que pueda darles una ayuda objetiva, se vuelven demasiado pesimistas.

Lidiando con los problemas en forma correcta

Sin embargo, muchas familias superan las crisis. Ellos no solamente sobreviven; ellos crecen también. Las crisis pueden activar recursos emocionales, intelectuales y espirituales que se han mantenido dormidos y nunca habían sido usados antes. La mayoría de nosotros deseamos pertenecer a una familia unida, fuerte y amorosa. ¿Cómo son esas familias?

Primero, ellos no se dejan amargar por sí mismos. Rehúsan vivir en el pasado o permitir que la crisis detenga sus vidas donde están y les impida mirar al futuro. La amargura se produce como resultado de concentrarse en lo injusto de lo sucedido. Es como un plano de guerra de un radar que se fija en un objeto y nunca lo suelta. Se convierte en resentimiento, y la persona amargada se convierte en su víctima.

La mayoría de las personas que he visto heridas en su aflicción mantenían esa posición por retener el resentimiento. En sus mentes, ellos construyeron una pared alrededor de su amargura. No se enfrentaron a ella o permitieron su drenaje. El resentimiento puede haber sido contra Dios, contra los médicos, contra el conductor del auto que golpeó a su hijo y lo dejó en coma, en contra de sus compañeros por lo que hicieron o dejaron de hacer, en contra del hijo que estaba en drogas o, en contra de ellos mismos. Pero en cada caso, ellos se hicieron daño ellos mismos e impidieron su propio crecimiento, más que ninguna otra persona.

En ocasiones, al discutir esta situación, el aconsejado dirá: "¡No *me* digas que lo perdone! No lo pienso hacer, y ¡ellos no se lo merecen!"

Ellos se sorprenden cuando me escuchan responder: "No voy a pedirle que los perdone. Usted no lo hará, no puede, y este no es el momento. Usted está muy envuelto en lo que ha sucedido. Yo prefiero, más bien trabajar con usted para ayudarle a deshacerse de esa tremenda carga de dolor que está llevando consigo. ¿Se da cuenta que ya ha tomado una decisión al dejarse controlar emocionalmente por lo que ha sucedido y por las personas afectadas?"

La reacción natural al enojo y resentimiento es causa de dolor, seguramente. Y muy a menudo preferimos dejar que se queden en nuestras vidas y ganen terreno. Yo sugiero un ejercicio diario de escribir una carta (que usted no enviará) ya sea al evento mismo o a la persona envuelta. Escriba todo lo que pueda en cada ocasión bajo dos columnas: "Yo resiento..." y "Yo deseo..." Con el tiempo, la amargura se irá, y ese es el primer paso para dejar que el perdón tenga una oportunidad de ser expresado.

Un problema similar que mantendrá a la persona y a toda la familia atada al pasado, es la actitud de resignación: "Me doy por vencido. ¿Para qué tratar? Nada va a cambiar. El problema siempre se mantendrá". Usted cree que está derrotado de antemano, así que no le da a Dios mucho espacio para intervenir en la crisis o entrar en su corazón. Hubo ocasiones cuando me pregunté sobre nuestra hija, ¿*Cuánto tiempo durará esta situación? ¡Han pasado ya tres años!*

En algunas ocasiones la resignación se refleja como martirio. Los mártires se quejan interiormente y están descontentos, tienen una depresión grave, o se quejan con casi todos con los que se encuentran, sobre las dificultades que tienen. Desafortunadamente, con el tiempo, esta actitud alejará a las otras personas.

Una segunda característica de familias que lidian con los problemas es que *ellas viven en el presente y proyectan una perspectiva al futuro.* Ellas procuran aprender de lo que ha sucedido y no permanecen con los remordimientos. También aprenden a ver el futuro no como algo amenazante sino como una oportunidad. La mayoría de las oportunidades que surgirán en ese futuro son completamente desconocidas para usted en este momento.

Como dijera nuestro pastor, el doctor Lloyd Ogilvie,

La señal segura de que tenemos una relación auténtica con Dios es que creemos más en el futuro que en el pasado. Dios en su gracia divina ha dividido nuestras vidas en días y años para que podamos dejar ir el ayer y anticipar el mañana. Para nuestros mañanas, El nos da los dones de la expectación y la emoción.[2]

Sosteniéndose en la verdad de la Escritura y sus promesas ayudará a la familia a lidiar con los problemas. Dios dijo: *"Mira que te mando que te esfuerces y seas valiente; no temas ni desmayes, porque Jehová tu Dios estará contigo en dondequiera que vayas"* (Josué 1:9). El prometió: *"Porque yo sé los pensamientos que tengo acerca de vosotros, ...pensamientos de paz, y no de mal, para daros el fin que esperáis"* (Jeremías 29:11).

Yo estaba influenciado por ejemplos diferentes de "la mirada al futuro" y la búsqueda de esperanza. En *A Gift of Hope* (Un don de esperanza), Robert Veninga lo describe:

En ocasiones un miembro de la familia presentará un regalo simbólico y al hacerlo protegerá a la familia de un sentido de desesperanza. Si usted fuese a caminar a través de los pasillos de un hospital de niños en la víspera de la Navidad, *encontraría cuartos llenos de regalos simbólicos*. Puede que vea una bicicleta dada a un niño que caminará de nuevo solamente si se dispone a sufrir horas de terapia dolorosa. *O puede que encuentre un deslizador de nieve, dado a un niño,* que apenas tiene suficiente fuerza para caminar al baño. O puede que vea a un joven con diabetes severa, aprendiendo a ser un maestro en el juego Monopolio a pesar de que su vista ya comienza a fallar.

El cínico puede preguntar cuál es la utilidad de estos regalos, particularmente si el niño no puede caminar más, o la niña no puede ver más.

Pero cada regalo es dado en esperanza. Su valor simbólico sobrepasa su utilidad real. Porque cuando el niño recibe la bicicleta, él puede verse a sí mismo en ella camino a casa de un amigo. Cuando el deslizador de nieve es llevado a la habitación del hospital, es un símbolo de que la vida no estará siempre llena de agujas y exámenes de diagnóstico. Cuando el juego de Monopolio es manejado con la vista, existe el reconocimiento de que puede ser jugado aun cuando fallen los ojos.

Cuando un miembro de la familia presenta un regalo simbólico o sosegadamente expresa optimismo, ello tiene un efecto poderoso en toda la familia. En ocasiones todo lo que hace es tomar la imagen de esa persona amada e infundirle un sentido de confianza en el futuro.[3]

Mire hacia el futuro, y permítale que le guíe en lo que está haciendo ahora. Desarrolle perseverancia, porque es esencial para mantener una familia en marcha, trabajando a través de una muerte o una crisis grave. En ocasiones las tensiones familiares son la peor experiencia.

Resolviendo conflictos

Una tercera característica de familias que lidian con los problemas es que *ellas aprenden a manejar y resolver los conflictos*. Las familias que no hacen esto acumulan un conflicto sobre otro. Y cuando ocurre uno nuevo, responden a éste con la contaminación y mezcla de todos los otros problemas no resueltos en su interior. Si usted no ha aprendido a resolver los conflictos antes de la crisis, es muy probable que no pueda hacerlo tampoco cuando ella se presente.

Una familia saludable sobrepasa sus temores y descubre formas de hacer las cosas diferente.

Cuando los miembros de la familia saben que los conflictos no están resueltos, algunos pueden tomar la actitud de: "¿Para qué tratar?" y no escuchan ni incluyen a otros en la conversación. Una familia saludable sobrepasa sus temores y descubre formas de hacer las cosas diferente. Los miembros aprenden a resolver los problemas y están dispuestos a escucharse el uno al otro y tratar de hacer algo nuevo. Este método es una fuente de ánimo y esperanza en medio del sufrimiento.

También es importante determinar cuáles problemas valen la pena echar a un lado, cuáles no y cuáles tienen solución. En ocasiones va a necesitar posponer la solución a los problemas o liberarse temporalmente de los mismos.

Joan y Don son un buen ejemplo de logros de sobrevivencia en medio del dolor. Ellos eran ministros de tiempo completo, y habían criado cinco hijos. Pero entonces su hija más joven se rebeló, se volvió sexualmente activa y quedó embarazada. Sus sueños para con ella fueron dañados, y sus relaciones rotas. Sus esperanzas para el futuro de la hija tuvieron que ser reprimidas, y su nieto fue adoptado por otra familia. Luego les golpearon dificultades financieras, forzando a Don a buscar otra profesión. He aquí la historia:

Joan compartió sus sentimientos.

Yo sé que una de las cosas que contribuyó a mi sanidad fue la decisión de no dejar que lo que nos estaba pasando, fuera algo privado. Esa fue una decisión difícil porque yo siempre crecí deseando ayudar y agradar a las personas. Deseaba hacer una diferencia en mi mundo. Admitir semejante fracaso, que tuve una hija que se fue en contra de mis metas y valores, era algo difícil para hacerlo saber. Yo sé que compartí mi historia con algunas personas que más bien hubieran deseado no saberlo, pero ese es el riesgo que uno debe tomar. Y una vez que compartí abiertamente, que nuestra hija había dejado la casa, que estaba viviendo con un hombre y que estaba embarazada, conseguí muchas personas orando en mi favor y en el de mi familia.

El consuelo que yo estaba esperando recibir de parte de Dios fue también parte de mi sanidad. Yo podía escoger la negación de ser consolada. Yo podía encontrar consuelo en un gran número de cosas, pero yo tenía que *escoger* el ser consolada.

Don recuerda:

Hillary y Chad fue la primera pareja en llamarnos y nos dijeron: "Vengan a comer". Cuando su hija se había ido de la casa años atrás, yo pensé en aquella ocasión: *¿Por qué está ella enseñando en un colegio cristiano cuando ella tiene una hija que se porta de esta forma?* También pensé mal de Chad. Asumí que en algún momento ellos habían echado a perder las cosas. Ahora yo digo: "¡Oh, somos uno de ellos!" Hillary y Chad fueron maravillosos y ellos nos ayudaron en el comienzo de nuestra sanidad.

Joan y yo fuimos duros. Nosotros fuimos criados con la mentalidad del medio oeste: "Nunca admitas que estás herido". Bueno, estábamos heridos, y heridos profundamente. Yo tenía un amigo que estaba pasando por algo similar al mismo tiempo, y nos reunimos cada tarde durante meses y oramos. Finalmente nosotros comenzamos a sanarnos, a medida que entendimos que hicimos todo lo que sabíamos hacer. Yo estoy seguro que cometimos errores criando a todos nuestros hijos, pero hicimos lo que pensamos era correcto.

Durante las primeras semanas, mi esposa y yo no deseábamos ir a la iglesia. Ahora yo puedo ir a la iglesia y no me preocupa lo que piensen las otras personas. Sé que estoy sano porque ya no me preocupa lo que están pensando de mí.

Cuando nuestra hija estaba aún en casa haciendo lo indebido, nuestro consejero nos dijo a Joan y a mí que tenía que haber acuerdo entre nosotros dos. Teníamos que ser uno, en la forma que lidiábamos con ella. Yo decía: "Bueno, tenemos que hacer esto para castigarla", y Joan decía: "No, no podemos hacer eso". Como padre, tal parecía que yo era siempre la persona dura y Joan siempre arreglaba las cosas. Realmente lo que nos ayudó a sanar fue cuando dejamos de pelear uno con el otro y comenzamos a estar de acuerdo en nuestras acciones.

Finalmente, decidimos entregar nuestra hija al Señor, porque vimos que sucedían mejores cosas cuando orábamos que cuando escuchábamos todos los consejos del mundo, aunque el apoyo de los amigos fue tremendo y sin duda, lo necesitábamos.

Pero ahora tal parecía como si no tuviésemos el apoyo que teníamos cuando estábamos en medio del problema. En realidad, estamos *aún* en medio del mismo. El bebé ha nacido y ha sido adoptado, pero nuestra hija no se ha reconciliado con Dios ni con nuestra familia. Yo sé, que Dios escucha y contesta nuestras oraciones. Un día vamos a ver a nuestra hija de regreso. No creo que he experimentado la muerte de un sueño; sencillamente ha sido retrasado y alterado. Estamos aún en el proceso, pero tenemos paz.

Joan compartió su experiencia por la decisión de dejarla ir:

He tenido que dejar ir la imagen visual de nuestra hija y lo que ella hubiera podido ser. Algún día, puede que ella llegue a ser gran parte de lo que nosotros quisimos, pero ella nunca será la niña joven e inocente que era en mis sueños.

He tenido que dejar que Dios cambie mi perspectiva sobre lo que el futuro pudiera haber sido para nuestra hija. Yo siempre digo: "Señor, lo que Tú desees", y luego le presento a El este pequeño plan rígido, que yo deseo que El implemente. He recibido ánimo al dejar que El dirija de nuevo nuestras vidas cuando pienso en una persona como Chuck Colson. El nunca hubiera podido ser lo que es hoy día, sin haber pasado por lo que pasó. Cuando pienso en cómo Dios está usando personas como Chuck Colson hoy día, me emociono sobre lo que el futuro pueda deparar para nuestra hija.

Don comentó:

Estoy viendo la fidelidad de Dios. En cada hendidura que atravieso, veo que El es fiel. Estoy siempre a la expectativa sobre lo que va a suceder próximamente para descubrir la fidelidad de Dios. El estira nuestro carácter y nuestra visión. Nosotros estamos aprendiendo a decir: "Gracias,

Señor", anticipadamente, porque a veces en medio del acontecer, uno no puede decirlo.[4]

Las familias con éxito creen que cada persona tiene la habilidad de manejar la adversidad. Ellas no se agitan unas a otras con: "Tú debiste..." o "Tú debieras..." o con estar colmadas de consejos. Más bien, ellas se animan unas a otras. El amor incondicional, es la espina dorsal de sus relaciones. Las diferencias personales también son respetadas. Si una persona necesita hablar o hacer algo —o si la necesidad es la privacidad y la quietud—, también está bien hacerlo.

El poder del aliento

Nunca subestime el poder del aliento. Fue ilustrado de una forma hermosa unos pocos años atrás en un pequeño pueblo del medio oeste. Multitudes se alinearon a ambos lados de la calle, todos los ojos puesto hacia la misma dirección. Muchas personas habían estado esperando más de una hora. Finalmente, en la distancia, ellos vieron al final de la calle un pequeño punto moviéndose lentamente pero con paso regular. En un minuto más, el punto había crecido. Las personas comenzaron a aplaudir y gritar cuando pudieron distinguir la forma de la persona moviendo su silla de ruedas con las manos. Los gritos se intensificaron a medida que los sonrientes miembros del maratón llegaron al borde del pueblo.

El valiente parapléjico estaba viajando de un extremo del país hacia el otro. En la recepción dada en su honor más tarde ese día, alguien le preguntó: "¿Qué le anima a continuar? ¿Por qué soporta todo el dolor y la agonía de empujarse usted mismo día tras día por esas carreteras? ¿Cómo lo hace?"

—¿No lo escuchó? —simplemente contestó.

—¿Escuchar qué cosa? —el hombre le preguntó.

—Usted escuchó lo que me mantiene haciendo esto, cuando yo arribé al pueblo —contestó—, todas esas personas aplaudiendo y gritando. Eso es lo que me anima. Todos esos que me alientan. Ellos son mi aliento. Ellos creen en mí. Y entonces yo creo que puedo lograrlo. Todos necesitamos alguien que crea en nosotros.

Una función crucial de la familia es el alentarse unos a otros. La palabra *alentar* significa "inspirar a continuar en un curso específico; impartir ánimo o confianza para; envalentonar, dar vigor". La Escritura nos llama a "dar aliento... edificar... construir" (1 Tesalonicenses 5:11). Todos necesitamos una dosis de aliento. Todos necesitamos una dosis de valor.

Las familias que viajan a través de los años sin problemas o tragedias son la excepción más que la regla. Sin aliento, todos estaríamos expuestos al fracaso.

Imagínese que ha anticipado la fecha del nacimiento de su primer hijo. Todo salió de acuerdo a lo planeado. El parto fue normal y fácil; su hijo nació alerta y saludable, excepto que no tenía brazos. Su pequeño bebé nació con una enfermedad rara llamada amelia bilateral de las extremidades superiores.

¿Puede usted imaginarse cómo se sentiría? ¡La impresión! ¡El temor! ¡La preocupación! ¿Cómo puede sobrevivir o funcionar? ¿Tendrá que ser cuidado por el resto de su vida? ¿Cómo reaccionará la familia? ¿Deben tener otro hijo?

Sin aliento, todos estaríamos expuestos al fracaso.

Esta es la verdadera historia de una familia. Dieciséis años más tarde, su historia fue escrita en la revista *Los Angeles Times*.[5] El muchacho vive con su madre, padrastro y dos hermanos menores. No sólo su familia sobrevivió, sino que él también demostró un valor extraordinario. A los 16 años de edad, él mantiene una nota de 3.5 puntos de promedio y corre con el equipo que recorre el país. Aún más sorprendente, aprendió a usar una llama de acetileno para soldar. Aprendió a usar tijeras a la edad de cuatro años, a vestirse por sí mismo, a nadar, y a usar una computadora.

El aliento y la ayuda mutua hizo la diferencia.

Las familias que vencen los problemas, también tienen miembros que se protegen unos a los otros cuando es necesario. No esperan a que les soliciten la ayuda. Ellos escuchan con sus ojos y sus oídos y están prestos a resolver.

La calidad o característica que suma todas las demás y la supera, es la de tener una fe común en Jesucristo y aprender a experimentar la fortaleza y consuelo que viene de la Escritura y entonces compartirlas con los miembros de la familia.

Guías que vale la pena recordar

¿Qué tal sobre usted y su familia? ¿Qué le ha ayudado a manejar su crisis? ¿Ha identificado los elementos? Quizás si lo ha hecho, usted podría depender más de ellos y también compartir con otros lo que ha aprendido. Las familias pueden sobrevivir. He aquí el resumen de algunas ideas guías que pueden asistirle a usted y su familia:

1. Cuando ocurre una crisis con un hijo, la familia entera experimenta un período de desajuste a medida que el patrón satisfactorio de conducta es interrumpido.

2. Para establecer patrones nuevos, exitosos, los miembros de la familia tienen que ajustar sus papeles y relaciones con los otros miembros.

3. Durante las primeras semanas de crisis, las necesidades individuales de los miembros de la familia, puede que interrumpan la habilidad de funcionar como familia unida. Esto puede ocurrir de vez en cuando con la incapacidad o la rebeldía de un hijo u otros momentos difíciles en el camino.

4. La aflicción de cada miembro de la familia progresa a diferentes niveles en momentos diferentes. Cada uno necesita mirar más allá de su propia pérdida si es que se desea alcanzar el entendimiento dentro de la familia.

5. Recuerde la necesidad de un buen balance entre la unidad familiar y la libertad individual.

6. Aprenda a reaccionar hacia las necesidades de los miembros familiares, sin acosar a la persona necesitada.

7. Esté consciente que demasiada dependencia entre miembros de la familia puede destruir los factores que protegen y promueven el crecimiento individual.

8. Permita a cada persona la oportunidad de absorber la pérdida a su propia forma y conveniencia. Algunos hablan, otros son reservados, algunos se recogen, y otros puede que sean muy activos.

9. Sin embargo, no deje que las paredes entre los miembros familiares sean demasiado altas. No respete la privacidad al costo de la necesidad de compartir la aflicción.

10. Comprenda que los hijos (particularmente los mayores) pueden sentirse impulsados a tratar de asumir el papel del que murió o del que se rebeló.

11. Proteja a sus hijos de tomar una responsabilidad inapropiada. Ellos no son adultos y no se debe esperar que funcionen como tal.

12. Reconozca que, igual que los niños crecen de una etapa de madurez a otra, las relaciones familiares y los límites tienen que ser redefinidos también durante el proceso.

13. Si usted ha tomado decisiones por su familia que no están funcionando como esperaba, trate de corregirlas.

14. Enfóquese en la meta que usted espera alcanzar, y sobre todo, permita que otros le ministren.[6]

9

Los padres y su aflicción

Los padres son negligentes. Es verdad. Cuando ocurre la aflicción ellos son a menudo descuidados. ¿Cómo sufre el padre la pérdida de su hijo o la progresiva pérdida de un miembro incapacitado de la familia? ¿Cómo puede lidiar con el calidoscopio de respuestas hacia un hijo que escoge un diferente estilo de vida? ¿Existen diferencias en la forma que se experimenta y maneja el dolor, entre el padre y la madre? Definitivamente sí.

El padre que se expresa, descarga, o trabaja a través de su aflicción de forma completa, no es lo típico; más bien él es la excepción. El hombre es menos propicio que la mujer para llorar sobre algo, hablar sobre algo, o inclusive aparentar preocupación por una pérdida. El tiene la tendencia de asumir responsabilidad por la forma en que él se siente y responde. En otras palabras, él prefiere depender de sí mismo. Usualmente no busca ayuda de otras personas o grupos de apoyo. Su forma de manejar la aflicción es de forma privada, mientras que en la mujer es bien pública.

Aunque la aflicción de un padre no se demuestra tanto y aparenta haber sido vencida más pronto que la aflicción de la mujer, el dolor es muy real, como lo son las presiones que ésta produce. Un gran problema surge si la aflicción no se demuestra: ¿Dónde se esconde? Esto es lo que necesitamos considerar.

La forma cómo responden otras personas a un hombre durante su aflicción, a menudo refuerza sus reacciones. ¿Quién usualmente recibe más preocupación y atención durante una pérdida? Evidentemente la mujer. Normalmente, hay alguna persona expresando cuidado o preocupación por ella, pero no por el padre-esposo. He escuchado a hombres decir: "¿Qué tal de mí? ¡Tal parece que a nadie le importa por lo que yo estoy pasando!"

Un padre que perdió a su hijo dijo:

> Yo estuve solo ese fin de semana. Las amigas de Mary vinieron a visitarla en el hospital. La abrazaron, hablaron con ella, le permitieron llorar. Los hombres no vinieron a verme, para consolar mi llanto y permitirme decirles cómo me sentía. ¿Cómo iba yo a sufrir esta pérdida? Los hombres no se consuelan unos a otros durante estos momentos de dolor, pero yo estoy seguro que la mayoría de los hombres tienen que tener sentimientos similares a estos que yo sentí. Luego, los amigos me dijeron que me habían visto y no se habían acercado porque no sabían cómo reaccionar o qué decir.[2]

Lidiando con las expectaciones

El hombre usualmente reacciona a las pérdidas basándose en la forma (1) que él ha sido enseñado a responder, (2) en la forma que se espera que responda, (3) en la forma que él está predispuesto a responder, o (4) en la forma que él es físicamente capaz de responder.[3] Los hombres siguen los patrones de lo que ellos observan, ya que nadie le enseña a ellos explícitamente sobre esta situación. Y ellos tienen que contender con las expectativas culturales, que es una fuente de presión adicional.

El hombre se espera que esté en control, no que pierda el mismo.

Se espera de él, que esté con confianza y seguridad, no temeroso, indeciso, ansioso, inseguro o triste.

Se supone que sea apto y hábil y conozca lo que está haciendo, de forma racional y analítica, no pasivo, dependiente, desorientado, o irresoluto.

Los hombres están bien conscientes de estas expectaciones y tratan de vivir en ellas. Ellos se cuidan de no aparentar lo que no se espera de ellos frente a la sociedad.

Sin embargo, son muchos los factores que crean tensión durante el tiempo de la pérdida. Las mujeres crecen con un vocabulario rico para sus emociones, mientras que los hombres son criados emocionalmente incapacitados en su habilidad de expresar sus reacciones íntimas. Y cuando la pérdida golpea a una familia, éstas son más complicadas para el hombre, aunque él no se percate de ello.

El hombre se supone que sea un competidor, pero si su hijo muere, se muestra incapacitado, rebelde, y vencido. El es un perdedor. El ha fracasado en su papel de protector. Su aflicción incapacita su funcionamiento como proveedor. Supuestamente, debe ser una persona que soluciona problemas, pero él no pudo resolver el problema con su hijo. Pierde el control de sí mismo y de la situación. En vez de ser autosuficiente, él necesita la ayuda de otros. Toda su identidad es amenazada.[4]

Especialmente cuando el hijo muere, el padre es enfrentado con su propia mortalidad, con lo inevitable de su propia muerte. *Si algo tan malo puede pasarle a mi hijo, ninguno de nosotros está a salvo.* Para el padre que ha experimentado pequeñas pérdidas en su vida, es aún más difícil.

Además, cuando un hijo muere, usualmente otras personas miran al padre como el protector de la familia o incluso la columna de la fortaleza. Ellos esperan que él asuma un papel de liderazgo. Pero como me dijera un padre: "Yo no deseo ser un líder. Ahora yo deseo tener a alguien que me cuide, que me ministre. ¿Por qué debo recibir menos que mi esposa e hijos?"

Las dos funciones que se esperan del padre son: que tome decisiones y que suavice el golpe de los demás. Pero, ¿por qué debe ser esto? Ambos, la madre y el padre necesitan estar envueltos en las decisiones. Si no lo están, es posible que luego se produzca el resentimiento si algo ocurre o no ocurre, en relación a los deseos de la esposa. Con Matthew, ambos estuvimos envueltos en las decisiones más importantes de su vida, como también las decisiones que siguieron a su muerte. Ambos sentimos más apoyo y consuelo haciendo las cosas de esa forma que si hubiésemos puesto toda la responsabilidad en una persona.

El tratar de suavizar el golpe recibido por los demás, es una forma de negación que no es saludable para ellos. He hablado con padres que deseaban decirles a otras personas que ya no podían resistir más la situación. Pero sus recursos fueron reducidos al impedirles que esto fuera expresado. He hablado con otros que deseaban decirles a otras personas que tenían miedo, pero ellos resistieron la tentación. He hablado con hombres que me dijeron que no "sentían" nada durante su pérdida. Ellos simplemente "manejaron" la situación y siguieron hacia adelante en la vida, sin darse cuenta de la abundancia de dolor silencioso y de los gritos hirientes que gemían en su interior y que debían ser liberados. Los gritos no se oyeron.

En ocasiones yo sigo insistiendo en el tema sobre la pérdida y cuán doloroso tuvo que haber sido, cuán vacío el hombre tuvo que haberse sentido, cuánto le hubiese gustado llorar o sentirse enojado o ceder. Y en muchas ocasiones, después de diez o quince minutos de estar animando al hombre a que sienta y se exprese, el dolor enterrado por años viene corriendo a la superficie para ser liberado. Posiblemente es la primera vez que alguien le ha animado a sufrir su aflicción en vez de reforzar su falta de dolor con un comentario como: "Estás de lo mejor". "Es bueno ver que estás fuerte y apoyándote en el Señor para seguir adelante." ¡Qué falta de percepción de la fortaleza de Dios y de lo que El espera de nosotros!

Cómo responden los hombres

¿Cómo generalmente los hombres responden a sus pérdidas? Con silencio. La mayoría de los hombres mantienen sus sentimientos y pensamientos reprimidos. Un hombre silencioso e introvertido es aún más propenso a reaccionar de esta forma.
Lea lo que varios hombres dicen sobre sus sentimientos:

> Ella se sobrepuso a la muerte de nuestra hija más rápido que yo. Pienso que sea porque ella pasó mucho tiempo hablando sobre esto a sus amigas. Yo no sentía que era algo que podía hablar con alguien. Y aún me siento así. Las mujeres se comportan mucho mejor entre ellas sobre asuntos como éste, que los hombres. Yo no sabía cómo manejar la situación, y era obvio que mis amigos tampoco. En realidad, pienso que ellos se sentían incómodos por tan sólo estar alrededor mío, sabiendo que yo estaba molesto. Para ser sincero, las cosas no han sido igual entre mis amigos y yo desde entonces.

> La diferencia es que la mujer habla todo el tiempo sobre el problema, y el hombre piensa todo el tiempo sobre el problema. El hablar es algo que uno hace con alguien. El pensar no es así. Es razonable que las mujeres pasen más tiempo juntas cuando tienen algo importante a qué enfrentarse. Los hombres, piensan solos, realmente nunca llegan a lidiar con lo que les molesta porque no están hablando, no se están explicando, no están haciendo preguntas, no usan a otra persona para poder descifrar sus propios sentimientos. Por supuesto, no pueden hacer esto a menos que vayan a compartir completamente todo lo que están pensando. Los hombres sencillamente no hacen eso con sus amigos.

> ¿*Cómo generalmente los hombres responden a sus pérdidas? Con silencio.*

> Las mujeres aligeran su carga al compartir su peso. Nosotros los hombres tendemos a pensar que lo varonil consiste en llevar nosotros toda la carga sin compartirla con nadie. Es por eso que los hombres toman lo que yo llamo "hernia emocional". Necesitamos aprender de las mujeres a compartir la carga.[5]

El patrón de aflicción del hombre puede hacer la vida algo más difícil para su esposa e hijos, ya que ellos necesitan que él les hable y les escuche. Ellos desean saber sobre su sufrimiento también. Años atrás, yo me preguntaba si debiera demostrar mis sentimientos sobre esta nueva experiencia de perder a Matthew, pero ahora ya no hago ninguna edición a mis sentimientos. Simplemente los demuestro, cosa que ayuda a ambos, a Joyce y a mí.

Muy pocas personas me preguntan cómo la estaba pasando cuando se enteran de que mi hijo era retardado mental. Afortunadamente, cuando Matthew murió, las personas me preguntaron tanto como a Joyce sobre mis sentimientos. Pero muy a menudo los mensajes (incluyendo las evasivas) que recibe el hombre, ya sea verbalmente o no, refuerza la expectación de que: "No te vas a volver todo emotivo ahora frente a mí, ¿verdad? No te volverás vulnerable o miedoso o te pondrás a llorar o a demostrarme flaquezas, ¿verdad?" Pero, ¿por qué no? ¿Por qué debemos esforzarnos para reaccionar diferente de la forma que Dios nos creó?

Quizás la lucha puede ser mejor representadas por esta declaración que refleja el patrón de nuestra cultura: "En nuestra sociedad se toman a los hombres en serio porque ellos *no* se abren, porque ellos *no* hablan sobre sus sentimientos. Las mujeres no son tomadas en cuenta porque ellas *sí* hablan sobre sus sentimientos".[6]

Una segunda forma en que los hombres manejan su aflicción es sufriendo a solas o en secreto. Los hombres a menudo dan excusas por lo que están haciendo o inventan razones para justificar ausencias en el trabajo en vez de decir: "Estaba tan sobrecogido de dolor con mi pérdida que no podía funcionar o ayudar a nadie en estos momentos. Yo estaba herido". En algunas ocasiones los hombres sufren solos para no preocupar a otros, aunque se han oído casos en los cuales se franquean con extraños. Y el sufrir a solas, se ajusta a muchas de las expectaciones culturales del estilo que los hombres se "suponen" que deben comportarse. Todo esto hace de la emoción de la aflicción un reto constante para el hombre.

Cuando usted lee los reportajes trágicos en los periódicos, generalmente no dicen que la mujer estaba llorando. Pero ellos mencionarán si el hombre está llorando, ya que los hombres no se espera que lo hagan. Existe la insinuación de que el llanto debiera ser reservado para una funeraria u hospital, nunca hacerlo en público.

A veces en los hospitales, si una persona comienza a llorar en el pasillo o en el salón de espera, la enfermera o el doctor le dirá: "Tenemos una habitación aquí que usted puede usar para llorar. Estará más cómodo en ella". Pero quizás no es su nivel de comodidad lo que a ellos les preocupa, sino el de ellos, y el de los otros que están presentes. Si un hombre llora en público, las otras personas generalmente se sienten muy incómodas y desean interrumpirlo y reprimirlo.[7]

Algunos hombres nunca han aprendido a llorar abiertamente. Ellos lloran solamente en su interior.

Una de las declaraciones más significativas que se haya escrito sobre las lágrimas, fue escrita por Max Lucado. Como él lo dijera, "Cuando las palabras suenan huecas, las lágrimas son lo más apto".[8]

Después que aprendimos lo severo de la incapacidad de nuestro hijo, no lloré sobre el asunto por meses. Aún tenía un sentido de incredulidad. Una noche, como diez meses más tarde, estábamos viendo en la televisión un programa llamado, "Entonces vino Bronson" en el cual el personaje principal viajaba alrededor del país en una motocicleta. En este episodio en particular, Bronson trabajó en una granja de niños que no podían hablar. El trabajó con un niño día tras día y semana tras semana. Al final del programa, el niño habló una palabra. Cuando vi eso, fue como si una llave hubiese abierto la puerta de una bóveda donde estaba toda mi aflicción. Mientras sentía aproximarse el llanto, rápidamente dejé la habitación (el viejo mensaje estaba intacto, no llores delante de nadie), fui a la cocina, y lloré a solas. Afortunadamente, Joyce me siguió y me abrazó para poder sufrir juntos. Nosotros los hombres necesitamos nuestro turno para sufrir, no importa cuál sea la pérdida.

William Schatz, un miembro del ejecutivo de la organización *Compassionate Friends (Los amigos compasivos),* contó su historia:

> A pesar de percibir su necesidad, posponer o retardar el sufrimiento, solamente puede hacerse hasta un punto determinado. Las poderosas fuerzas emocionales que están funcionando dentro de uno, eventualmente surgirán de alguna forma. Ellas pueden venir en un momento cuando menos se esperan, después de parecer que lo peor ha pasado. Para mí, sucedió 18 meses después de la muerte de David, después que mi esposa ya había pasado por el proceso más difícil de la aflicción. El dolor pospuesto parece tener la necesidad de algún tipo de agente catalítico para comenzar a funcionar. En mi caso, fue una foto de David durante las últimas vacaciones juntos, combinado con la decisión inconsciente de que el medio ambiente era lo suficientemente seguro para permitir que mis verdaderos sentimientos salieran a la superficie. Mientras miraba esa foto, comencé a llorar. Entonces, lloré por treinta minutos. Tal parecía que lloré por todas las veces que no había llorado desde que le diagnosticaron leucemia a David, hace siete años y medio. Cada fin de semana durante cuatro semanas, lo mismo

sucedió. ¡Fue un tremendo desahogo! Nunca pensé que llorar fuera algo que te hacía sentir tan bien. Nadie me hubiera podido convencer de que podía aliviar parte de mis heridas internas. Una nota significativa: cuando lloré la primera vez, estaba aterrado de que no pudiera parar. Sin embargo me sentía tan bien que pronto olvidé el sentimiento de temor.[9]

Los hombres derraman lágrimas. Pero debemos hacerlo más a menudo y más abiertamente. Mire solamente un ejemplo en la Escritura.

En Génesis 42-50, encontramos la historia de la reunión de José con sus hermanos y padre, después de años de separación. En su primer encuentro con sus hermanos, José dijo que uno de ellos tenía que quedarse en Egipto. Ellos comenzaron a tener miedo de lo que les pudiera suceder. Mientras José les escuchaba hablar entre ellos, en su lengua nativa, sus emociones subieron a la superficie, *"y se apartó José de ellos, y lloró"* (Génesis 42:24).

Más tarde, cuando sus hermanos regresaron a Egipto con su hermano menor, la Escritura dice: *"Entonces José se apresuró, porque se conmovieron sus entrañas a causa de su hermano, y buscó dónde llorar";* eventualmente, él perdió el control, *"y entró en su cámara, y lloró allí"* (Génesis 43:30). Note, la reacción inicial de no llorar delante de nadie. El lloró incontrolablemente de nuevo, cuando su hermano Judá le ofreció quedarse en lugar de su hermano para evitar más dolor. (ver. Génesis 45:2).

José lloró de nuevo, cuando le reveló a sus hermanos y a su padre quién era él, y también cuando les comunicó el plan de traerlos a todos a Egipto, para vivir con él. En ese momento, *"se echó sobre el cuello de Benjamín su hermano, y lloró; y también Benjamín lloró sobre su cuello. Y besó a todos sus hermanos, y lloró sobre ellos"* (Génesis 45:14-15). Finalmente, él derramó sus lágrimas públicamente y dejó que otros las compartieran con él.

En tres ocasiones más, encontramos a José llorando: cuando su padre llegó a Egipto, cuando su padre murió, diecisiete años más tarde, y cuando sus hermanos mandaron un mensajero a él pidiéndoles que les perdonase. El verso dice: *"Y José lloró mientras hablaban"* (Génesis 50:17).[10]

Cuando las palabras fallan, las lágrimas son las mensajeras. Ellas son el don de Dios para todos, hombres y mujeres, para desahogar nuestros sentimientos. Cuando Jesús llegó a Betania, después de la muerte de Lázaro, El lloró, (ver Juan 11:35). Ken Gire describió la escena de una forma hermosa en *Incredible Moments with the Savior (Momentos increíbles con el Salvador).*

Cuando las palabras fallan, las lágrimas son las mensajeras.

En nuestro viaje a la tumba de Lázaro, nos tropezamos con otra pregunta. Jesús se acercó al cementerio con la completa seguridad de que iba a levantar a su amigo de entre los muertos. ¿Por qué entonces se turbó al ver la tumba?

Quizás la tumba en el jardín es un recuerdo muy gráfico de lo que fuera la simiente del Edén. Del Paraíso perdido. Y de la tumba fría y obscura, donde él tendría que entrar para salir victorioso.

De todas formas, es interesante que *nuestro* estado lastimoso pudiera perturbar *su* espíritu; que *nuestro* dolor pudiera provocar *sus* lágrimas.

La resurrección de Lázaro es lo más osado y dramático de todos los milagros del Salvador. El valientemente fue a una cueva donde la hostilidad con furia se levantaba en su contra, para arrebatar a un amigo de las garras de la muerte.

Fue un momento increíble.

Reveló que Jesús era quien decía ser, la resurrección y la vida.

Pero reveló algo más.
Las lágrimas de Dios.
¿Y quién puede determinar qué cosa es más increíble, un hombre que levanta a los muertos ... o un Dios que llora?[11]

Tomando acción

Otra forma en la que los hombres lidian con su aflicción es tomando acción física o legal. Esta respuesta se ve más a menudo con la muerte de un niño, pero no es poco común tampoco cuando el niño es incapacitado. Hay un deseo de determinar la culpa y descubrir quién más puede ser responsable. Cuando un hijo falta, usualmente el padre es persistentemente orientado a la acción, venciendo cualquier obstáculo en su camino.

Parte de esta dirección, es la necesidad del hombre, de tratar de recobrar algún control perdido por el golpe de la pérdida. Nuestra cultura lo espera, y es también uno de nuestros pilares de seguridad. La pérdida nos arrebata el control de nuestras manos, y de alguna forma lo queremos recobrar.

Cuando el hombre se enfrenta al sentimiento de desamparo tomando una acción, su enojo se hace evidente, porque el enojo provee la energía que agita a la acción. Esto se ve de forma gráfica en las reacciones de dolor de los veteranos de Vietnam, que perdieron amigos o partes de sus propios cuerpos en la guerra.

Cuando los niños son heridos o muertos, el enojo sobre la tragedia y la pérdida, se ventila mejor a través de la acción constructiva. Hay un lado malo en la acción del enojo. Puede envolver los pensamientos del hombre y su comportamiento de tal forma, que las emociones como la tristeza, desesperación o añoranza no tienen oportunidad de ser sentidas y enfrentadas. Además, la expresión del enojo puede convertirse en una expresión destructora o si se vuelve contra sí mismo, hacer un daño interno. Y puede mantenerlo alejado para poder responder al dolor de su esposa. El termina afligiéndose en la soledad en vez de hacerlo con su esposa.

Actividad es una respuesta próxima para tomar acción. Como lo expresara una esposa durante una consejería: "Es como si él estuviese en una intensa y fatigosa rutina de trabajo. Me gustaría que se sentara tranquilo por un rato a descansar pero él simplemente sigue, y sigue, y sigue. Y cuando le sugiero que deje cosas pendientes para hacer, él me responde que el dolor es demasiado cuando está sin hacer nada". El patrón de actividad del esposo puede causar problemas reales en la familia con un hijo incapacitado, porque la esposa tiene necesidades de apoyo, excedidas de lo normal, a medida que cuida de sus hijos.

Al principio cuando el padre recibe la noticia de que uno de sus hijos tiene un problema serio, el trabajo y los quehaceres son actividades que pueden ayudar a vencer el sentimiento de dolor y de impotencia. Las horas en el trabajo aumentan, o él se envuelve demasiado en arreglar la casa. Los menesteres en la casa se vuelven notables a otras personas, por la intensidad con que se practica. Si el hombre es ya un trabajador compulsivo o tiene un tipo de personalidad A, su nivel de actividades es a menudo un frenesí. La actividad constante viene a ser como la de un niño hiperactivo que nunca se cansa. Y una vez más, la actividad estorba para tratar con sus verdaderos sentimientos. Es una técnica de bloqueo de aquello que es incómodo. Todo hombre tiene la necesidad de sentir, lo sepa él o no. El tiene que aprender que los sentimientos son una parte normal de su vida.

Desafortunadamente, alguna de la actividad puede cruzar los límites de un involucramiento saludable, y seguir hacia cosas que demandan riesgos como el manejar de prisa, bucear, o beber excesivamente.

Un padre describe la forma en que la actividad tomó una parte en su aflicción después de que su segundo hijo, muriera cuarenta y cinco minutos después de haber nacido:

El segundo día después de haber perdido a Dax, volé en una misión periodística con la unidad de la Fuerza Aérea de Reconocimiento a través del ojo del huracán Jeanne, unas 400 millas en las afueras del Golfo de México, y me sentí mucho mejor después de estar alrededor de la muerte por unas pocas horas. El estar activo, especialmente si hay algún riesgo envuelto, compensa en cierto modo el horror de estar mirando sin poder hacer nada, mientras una vida que yo desesperadamente deseaba, estaba siendo arrebatada de nuestro medio. Si yo me mantenía ocupado, todo se iría. O al menos no me estaría molestando... Pero sí me molestó. No había nada que pudiera hacer al respecto.[12]

El ejemplo clásico de un comportamiento que toma riesgo permanente como una pantalla para la aflicción, es el de Houdini, el famoso artista de las escapatoria. La muerte de su madre afectó sus acciones a un grado extremo:

[El pasó su vida escapando de] camisas de fuerza, todo tipo de esposas, cadenas, celdas de prisiones, baúles, canastas, cajas de cristal, escritorios, inclusive calderas de hierro. Con sus brazos bien amarrados, escapó de puentes; suspendido con la cabeza hacia abajo por bloques y aparejos, se zafó a sí mismo de redes de aparatos que lo ataban. El permitió que lo encadenasen y lo enterrasen a seis pies de profundidad en la tierra, para ser encerrado en una válvula de acero y ser clavado en cajas de empaque gigantescas. En una ocasión, al librarse después de un esfuerzo que le tomó más de una hora, dijo: "El dolor, la tortura, la agonía y la miseria de esa lucha siempre vivirán en mi mente". Sus variaciones en sus actos de escapatoria eran interminables, y nada era raro, tedioso o difícil siempre que los principios de las fuerzas que lo comprimían estuviesen presentes.[13]

Algunos derraman sus energías en actividades recreacionales o deportivas, que por sí mismas no son un problema. Pero usualmente se van de las manos.[14]

En ocasiones otras personas refuerzan este problema pidiéndole al padre que tome alguna acción. En los casos de muerte al nacer, por ejemplo, muy a menudo el personal del hospital espera que el padre tome la decisión sobre cómo se va a disponer de los restos del niño. Se le aconseja que tome la decisión sin envolver a la madre para evitarle más traumas.

Ese método es desafortunado, porque tiene numerosas repercusiones negativas. Al tener que ser el que toma la decisión y ejecuta acción, el hombre tiene que reprimir su aflicción. Eso lo mantiene alejado de la experiencia positiva de sentir aflicción y de tomar decisiones con su esposa. Y si prosigue y toma las decisiones por su cuenta, su esposa se resentirá con él por dejarla a ella fuera del proceso.[15]

Otra reacción que esperar del padre:
El hará todo lo posible para no mostrar
sus temores e inseguridades.

Cuando se necesita tomar decisiones para mandar al colegio a un niño incapacitado u hospedarlo, o para remover el sistema de vida artificial de un niño que tiene muerto su cerebro, los padres debieran tomar la decisión juntos.

Algunos padres se irritan frente a la dificultad para buscar diversión y comodidad fuera de su matrimonio. Otra mujer que no esté luchando con el dolor puede que le brinde más apoyo. Una nueva relación con esa persona puede lucir tentadora porque el hombre puede que la vea como algo relativamente libre de dolor. Pero no funciona. Simplemente pospone el enfrentamiento con el dolor. Hemos visto muchos casos de divorcio, de padres afligidos que tienen que enfrentarse a su dolor años después de haberse separado de sus familiares. Y cuando un hijo incapacitado está envuelto, hay un gran potencial para que un residuo de culpa se acumule si la familia se rompe, porque el contacto continúa hasta cierto grado.

Otra reacción a esperar del padre: El hará todo lo posible para no mostrar sus temores e inseguridades. Los hombres no saben muy bien cómo admitir sus temores. Años atrás, yo aprendí a preguntarle a mis consejeros, (hombres y mujeres), "¿Cuál es el temor que te domina en tu vida?" La mayoría de nosotros somos gobernados más por temores que por esperanzas. Puede que nuestro comportamiento no refleje temor, pero a menudo puede ser impulsado por temor.

Un temor común entre los varones es: *Si demuestro mi incertidumbre o depresión, ¿cómo sabré que eventualmente estaré bien? ¿Qué haré para evitar que continúe y continúe?* Considere este mensaje que viene de un terapeuta afligido, hacia un hombre:

Si te cuentas entre aquellos que creen que no saben cuán intenso, largo o profundo pueda ser su expresión de dolor, puede que te encuentres pensando que sería imposible, o al menos muy difícil, el salirse del abismo de la aflicción para hacer todas las cosas que necesitas hacer antes y después de la muerte. El temer ser atrapado en el vacío de un "no regreso", no es realístico. *La aflicción no es una tierra movediza. Más bien es un camino en terreno rocoso que eventualmente se suaviza y prueba ser menos retador, en ambas formas, emocional y física.* Así que si te encuentras con el temor de sentir aflicción, si estás imaginándote lo peor o esperando alguna transformación insoportable que tome lugar dentro de ti, trata de poner esos pensamientos catastróficos en la perspectiva apropiada.

Por ejemplo, puede que usted piense: *Me desarmaré y no podré funcionar si comienzo a mostrar cómo me siento.* Reemplace esos pensamientos con otros más realísticos: *Me relajaré por un tiempo, libraré mis sentimientos, y podré funcionar mejor como resultado de haber ventilado los sentimientos que se han convertido en una opresión permanente.*

Puede que también piense: *"Si me dejo afligir, entonces cambiaré permanentemente y nunca más podré ser yo mismo de nuevo.* Es una realidad que la aflicción cambia a la mayoría de los sobrevivientes, ya sea que ventilen sus emociones o no y expresen sus sentimientos. Usted no puede evitar que los cambios sucedan después de una pérdida; es parte de sobrevivir a una muerte. Pero usted puede tomar control sobre el tipo de cambio que experimente. A medida que se permite a sí mismo sentir el dolor, los cambios que sucedan serán unos, que le permitirán seguir adelante, para integrar la pérdida; y para resolver los problemas relacionados con la muerte de su ser querido. Ventilando sus reacciones puede ser igual a encender una linterna sobre algo que se está moviendo en la obscuridad, lo cual usted se imaginó que sería más enorme y amenazante de lo que realmente es. Una vez que se prendió la luz, su precaución parece haber sido completamente innecesaria.[16]

La necesidad de la expresión completa

Es mucho más saludable para un hombre ir en contra de las expectaciones de la sociedad y sus sentimientos, y expresar sus aflicciones por completo. Yo lo sé. He estado allí. Estar completamente adolorido y expresarlo, demuestra que eres un hombre que acepta su varonilidad y humanidad según Dios las creó.

Quizás la historia de Cornelius puede resumir el viaje de dolor de un hombre y darnos esperanza al mismo tiempo:

Cornelius era un hombre bien parecido, un hombre negro, bien fornido de unos treinta años. Su sueño era ser un atleta olímpico, pero Vietnam se interpuso en sus planes. Una bala, no solamente hirió su espina dorsal y paralizó sus piernas, sino también destruyó sus sueños.

Cornelius comparte su proceso de sanidad, que puede ser un mensaje para todos los hombres:

Por los últimos tres meses ayudé en un campamento para niños incapacitados, que es operado por *Crippled Children's Society* (Asociación de Niños Incapacitados). Hace ya veinte años que perdí el uso de mis piernas, y yo pensaba que estaba completamente sano. Sin embargo, durante la primera sección del campamento, atravesé un proceso doloroso. Al final de la sección del campamento, tuvimos un tiempo en que todos los consejeros y miembros del campamento se decían unos a otros, qué era lo que apreciaban y habían aprendido durante toda la semana. Algunos estaban llorando y afligidos.

Yo también estaba llorando. Eso es una señal de sanidad para mí porque no había podido llorar en el pasado. ¿Ha tenido usted alguna vez un sueño donde se está cayendo y no puede pararse? Esa es la forma en la que me sentía en esa sección del campamento. Yo sabía que más dolor dentro de mí estaba buscando la forma de salir. Sabía que tenía que hacer algo con este dolor. No podía callarlo. Seguí orando y preguntándole a Dios: "¿Quién me va a ayudar?" Dios guió a un joven hacia mí, forzudo, con un rostro de niño, de inocencia y confianza. El era tan estimulante y tan ingenuo y educado. Hablé con él y compartí con él mis temores, mi enojo y mi dolor sobre todas estas personas en el campamento que estaban burocratizadas en una sociedad que parece no preocuparse por los niños incapacitados.

"¿Qué le sucederá a todos estos niños?" Rompí en frustración. En ese momento reconocí y me di cuenta de lo sobrecogido que estaba con el temor de que mis hijos se convirtieran en unos incapacitados. Lloré y me afligí. Lloré como un bebé. Fue saludable. Mientras lloraba, este joven simplemente me abrazaba. Cuando terminé, tuve esta maravillosa paz. Si no hubiese pasado por ese proceso de dolor, no creo que hubiera podido terminar todas las cinco secciones con esos niños incapacitados. Mi amigo dejó que me dejara caer en sus brazos cuando tenía el temor de caer en el dolor y el abismo. Sabía que me estaba sintiendo mejor porque esta vez yo tenía la confianza de que Dios proveería a alguien para ayudarme a mí.

A menudo me he preguntado: *Si yo me abro, ¿alguien me sostendrá? ¿Podrán ellos soportar lo que yo deje salir de mis adentros?* Cuando era niño, soñé que me estaba cayendo, pero siempre me despertaba antes de llegar al fondo. En la vida real no sabemos si llegaremos al fondo o no. Ese temor es tan sobrecogedor que finalmente pensamos: *Déjenme llegar al fondo. Déjenme aplastarme.* A medida que me dejé caer emocionalmente, el temor se disipó.

Ahora tengo una libertad que nunca antes he tenido. Ya no sufro de dolores de cabeza y de mandíbula por tratar de aguantar el sufrimiento. Finalmente he dejado que ese niño dentro de mí sufra. No me daba cuenta que mis temores sobre mis hijos eran tan grandes. Me moría de miedo de pensar que mis hijos se volvieran incapacitados. Yo sé que me estoy sanando porque puedo admitir mis temores.[17]

Cuando los hombres experimentan una pérdida, déjelos que sufran. Déle tanta atención a ellos y cuídelos tanto como lo hace con otros miembros de la familia. ¡Le ayudará!

10

¿Qué le digo a los demás?

Esperé durante días, aun semanas antes de que pudiese decirle a alguien sobre nuestro hijo" —dijo Susan— "Pensaba que no era porque estuviese abochornada o avergonzada o algo similar, pero no podía evitar que me asaltaran esos pensamientos. No sé por qué me sentía de esa forma. Quizás sentía que la incapacidad de Jimmy podía ser culpa mía, aunque sabía que no lo era. No podía serlo. Supongo que tenía temor a la reacción de los demás. Uno nunca sabe qué es lo que va a escuchar. Yo no deseaba sus consejos. Ellos no son expertos, y no deseaba que me dijesen que éramos padres especiales y que por eso Dios había permitido que tuviésemos un hijo que siempre estaría incapacitado".

Susan estaba experimentando los problemas de muchos padres: *¿A quién le puedo contar esto, y qué les digo?* Esta pregunta surge interiormente acompañada con el temor a los comentarios que escuchará de los demás. Es una preocupación legítima, porque las personas pueden hacer comentarios que hieren hasta lo más profundo. En ocasiones sus comentarios, que lucen tan definitivos, son sus formas de esconder sus ansiedades sobre las incertidumbres de la vida. O simplemente, ellos no saben qué decir. La mayoría de las personas no desean intensificar su dolor o culpa, pero un comentario indiscreto puede lograr esto.

A pesar de nuestros temores, lo cierto es, que todos tenemos algún deseo de decirle a los demás nuestros problemas para buscar consuelo y apoyo. Y algunas personas son capaces de ayudarnos a llevar nuestras cargas.

Recuerdo haber hablado con el padre de un joven de dieciséis años que había sido arrestado por posesión de drogas y por estar conduciendo bajo la influencia de la misma. Se pudo apreciar que el joven había estado usando drogas durante dos años. El padre lloraba mientras me decía: "Mi esposa y yo nos sentimos tan aislados, tan solos, y no sabíamos qué hacer. Pero yo sentí miedo de hacer saber a otros lo que nos estaba pasando. ¿Sabe de qué tenía temor? ¿Qué pensarán los demás de nosotros? Me sentía como un fracasado, y estoy seguro que ellos pensaban que habíamos fracasado. Me parecía que podía escucharles decir: 'Bueno, la verdad es que realmente fracasaron como padres. ¡Buena lección moral habrán recibido!' Quizás tenía miedo de escuchar declaraciones que yo estaba diciendo de mí mismo. Tenía miedo de ser juzgado por otros padres, por mi sentimiento de fracaso y mi sentido de culpa como si hubiese hecho algo malo, porque de lo contrario esto no hubiese sucedido".

¡Qué dilema más común! Ya sea que su hijo tomó un desvío a la edad de doce, dieciséis, o veinticuatro, usted lucha con sus sentimientos sobre usted mismo, esperando la ira y el juicio de los demás. En ocasiones ellos son insensibles y juiciosos, pero ciertamente la mayoría de las personas no lo son; ellos resultan ser compañeros en el peregrinaje, caminando la misma ruta rocosa y polvorienta.

Usted encontrará muchas personas que han tenido experiencias similares y están dispuestas a ayudarle a atravesar por estos momentos de problemas en su vida. Yo he tomado la iniciativa en muchas ocasiones, durante las sesiones de consejería o durante un seminario, de describir las experiencias que sufrimos con Sheryl cuando ella tenía de veinte a veinticuatro años. Con mucha frecuencia las personas se sorprenden y sienten alivio de que alguien más haya pasado por lo que ellos están experimentando.

En ocasiones cuando los padres se confunden tratando de poner en palabras sus preocupaciones y sentimientos, yo digo: "¿Podría ser que usted está luchando con la manera de decirle a otros que su hijo está en drogas, alcohol, tiene SIDA, está viviendo con otra persona, es homosexual, o está embarazada? Yo comprendo su nerviosismo. No fue fácil el decirle a otros que nuestra hija había decidido vivir su vida en forma contraria a los valores cristianos con los que había sido criada. No fue fácil decir que ella estaba viviendo con su novio, estaba usando cocaína, y se estaba volviendo una alcohólica. Sus sueños son destrozados, y usted se duele por dentro.

"Si alguien nos juzgó, nunca lo supimos. Me imagino que alguien lo hizo. Alguien probablemente pensó: *¿Cómo puede enseñar sobre la familia cuando su hija está tan llena de defectos?* Yo no puedo controlar lo que otras personas piensan y dicen. Y como padre, usted siempre piensa en las cosas que hubiera podido hacer diferente. Y sin embargo, a menudo, ha hecho todo lo que ha estado a su alcance, en la mejor forma posible y había dedicado ese hijo al Señor. Está ese elemento del libre albedrío que no puede controlar. Dios sabe sobre eso. El lo experimentó con las primeras dos personas que creó. El comprende y desea que usted experimente Su consuelo. ¿Me pregunto cuál es su lucha?"

He visto a padres reaccionar en forma depresiva y llorosa, y parte de esa reacción fue el alivio de que alguien más estaba presente y podía entenderles y ayudarles. Usted encontrará el apoyo y consuelo que necesita cuando abra su vida a otras personas.

A través de los años, he descubierto que casi siempre, sin excepción, las personas que sobreviven una crisis personal o de familia, le dan crédito a otro miembro de la familia o amistad que le apoyó y consoló oportunamente. Cuando golpea una crisis, nos preguntamos cuándo será la próxima que afectará nuestras vidas. Si se nos deja a nosotros solos, los temores se acumulan. Pero las amistades o parientes de confianza tienen la habilidad de romper el círculo de desespero. Ellos nos pueden ayudar a ver que no estamos desamparados y que encontraremos esperanzas en algún sitio.

Sin embargo, cuando recibe las noticias de un problema serio con su hijo, usted se sobrecoge. Puede que no tenga la oportunidad de estabilizarse personalmente antes de decírselo a otra persona. Probablemente compartirá la noticia mientras está aún en confusión. Usted desea decírselo a otros, y cuando lo haga, recibirá algunas respuestas no conocidas.

Tres reacciones comunes

Usted puede anticipar al menos tres reacciones comunes. Una será la incapacidad para recibir una mala noticia, especialmente noticias de invalidez en otra persona. Hay razones numerosas para esto, pero los resultados son los mismos. Las personas no pueden manejar la situación o aceptar al niño. Una reacción similar sucede cuando el niño se mete en dificultades.

Nadie debiera robarle sus sentimientos y su dolor.

A menudo, otros expresarán compasión y apoyo, pero su actitud y comportamiento pueden ser de rechazo. Usted termina preguntándose qué está sucediendo con estos mensajes opuestos. Por otro lado, usted siente que ellos están tratando de alcanzarle, pero a la misma vez, se están alejando.

Recuerde que cuando otras personas se sienten incómodos con su situación, ellos están sintiendo, y diciendo con su reacción no expresada en palabras: "Yo deseo que tú estés 'normal' lo antes posible, o al menos deseo que actúes de esa forma". Pero usted no puede y no podrá ser "normal" por algún tiempo, y nadie más puede determinar cómo usted debiera reaccionar. Esta es su situación, su disgusto, su tragedia, y su pérdida. Nadie debiera robarle sus sentimientos y su dolor. Leí una declaración en una ocasión que describía la muerte, pero se puede aplicar también a otras situaciones: "Cuando una persona nace, lo celebramos; cuando se casan nos alegramos; pero cuando mueren actuamos como si nada hubiese sucedido".[1]

En ocasiones la forma de las personas negar algo es expresado de la siguiente manera: "Tu hijo saldrá de esa"; "Los doctores no lo saben todo; pudieran estar equivocados, ¿no crees?" o "Solamente di que tu hijo es un poco lento o metódico y que oportunamente alcanzará a los demás; no le pongas el letrero de 'retardado'".

Mientras más personas escuchan sobre sus dificultades, mayor será el nivel de su incomodidad, y no desearán que su incomodidad afecte la vida de ellos. Así que puede que se distancien de usted. He visto situaciones donde los padres, el hijo, o ambos, no fueron más invitados a la casa de sus amigos. Usted termina sintiéndose que ellos tienen temor de que lo que usted está experimentando sea contagioso.

Esto puede ayudarle a explicar algunos de los ajustes que está experimentando. Si fue difícil para usted aceptar la incapacidad, dígalo. Dígale a otras personas que comprende lo incómodo que debe ser para ellos el saber esta noticia. No espere que ellos se abran y le confiesen que están teniendo dificultades con su situación. Probablemente no lo harán. Pero si admite sus luchas con la contrariedad de sentimientos, al menos ellos se sentirán más cómodos ya sea que admitan algo o no.

Otro problema que encontrará es los consejos no solicitados. Cuando se tiene un hijo incapacitado, estos consejos se recibirán. Cuando tiene un hijo que se ha perdido, también. Cuando pierde a un hijo por muerte o batalla de custodia, usted escuchará la opinión de otros. Todo el mundo es un experto o sabe de casos similares, y ya que aquellos que se preocupan por usted le quieren ayudar, ellos le dan sugerencias enfáticas sobre los pasos que debe tomar. En ocasiones se ofenden si usted no les demuestra entusiasmo y les indica que va a seguir su consejo inmediatamente. Muy a menudo, sin embargo, las sugerencias están en contra del plan que usted ha escogido o el consejo de su consejero o equipo de médicos.

Déle las gracias por sus preocupaciones y sugerencias, y déjele saber que han aumentado su conocimiento sobre el asunto. Pero si está en un punto donde nada funciona, los expertos no saben, o está en estado de pánico, puede que usted esté saltando de un consejo a otro. Pronto se sentirá confundido por la falta de seguimiento en cualquiera de las sugerencias. Antes de tomar ninguna sugerencia, reflexione. Si usted está aún en un estado de crisis, o impresionado, deje que otros le ayuden a tomar decisiones.

Al no admitir el consejo de los demás, usted debe ser firme y amable, pero no ofensivo. Si tiene la tendencia a ser una persona dependiente o sometida, usted tendrá problemas en cómo responder. Debiera elaborar una declaración que pueda usar con las personas bien intencionadas. Usted pudiera decir: "Yo aprecio, su preocupación y sugerencias expresada hace días. Pero hemos decidido seguir este plan por el momento. Hemos considerado las varias opciones, y nos sentimos cómodos con éste por el momento. Si esto no funciona, estamos abiertos a otras posibilidades".

En ocasiones no es solamente con consejos con lo que tiene que luchar, sino también con el interrogatorio. Posiblemente usted ha escuchado alguna de estas preguntas antes. "¿Sucedió algo durante el embarazo? ¿Ha sucedido esto antes en tu familia? ¿Fue la culpa del doctor o del hospital? ¿Tienes un buen abogado? ¿Por qué le dejaste ir a nadar a ese lugar? ¡Todo el mundo sabe lo peligroso que es ese lugar!"

Sin embargo otro problema sería las personas que le agobian con ayuda. Por ejemplo, yo he visto familiares y amigos invadir el territorio familiar e inclusive, robarle a la familia la oportunidad de tomar decisiones. Usted necesita determinar cuánta ayuda desea y establecer límites con cualquier amigo o familiar intruso. La mayoría de las otras personas no tendrán la menor idea de lo que necesita o no necesita, hasta que se lo defina. Ellos desearán ayudar, cosa que está bien, pero sólo usted puede definir el tipo y cantidad de ayuda que necesita.

Un buen punto de comienzo es el hacer una lista de sus necesidades y preguntas y luego otra lista de la ayuda exterior que está buscando. Es bueno tomar el tiempo suficiente para pensarlo, orar y considerar las opciones y las consecuencias de cada una. No deje que otros le presione o le apresure en ninguna de ellas.[2]

El valor de una carta

Una de las mejores formas, que he descubierto, de explicar su situación y necesidades es escribiendo una carta para un familiar, amigo, conocido o cualquier persona que pregunte por la situación. Declare en ella lo que ha sucedido, cómo se siente, qué pueden esperar de usted y qué pueden hacer por usted. Haga copias y distribúyalas. Al hacer esto, usted calma parte de su dolor al no tener que decir la misma historia una y otra vez. (En ocasiones la repetición intensifica el dolor.)

A continuación hay tres cartas por separado, que usted puede usar como modelo. La primera refleja la pérdida de un hijo por causa de muerte; la segunda, el descubrimiento de la incapacidad de un hijo; y la última, el problema con un hijo rebelde.

Querido amigo, (o familiar, compañero de trabajo, etcétera):

Recientemente he sufrido una gran pérdida en mi vida, la muerte de mi hija. Mi esposa y yo estamos adoloridos y nos tomará meses y aún años para recuperarnos de esta pérdida. Estamos aún impresionados con lo sucedido.

Deseo dejarte saber que lloraré de vez en cuando. Yo no puedo decirte lo que me provocará el llanto y no me disculpo por mis lágrimas ya que no son una señal de debilidad o falta de fe. Ellas son un regalo de Dios para yo expresar mi inconformidad y sentimientos de tristeza sobre la pérdida y me ayudarán a recuperarme seguramente.

En ocasiones me verás enojado, sin motivo aparente. En otras ocasiones ni yo mismo sé por qué, pero sucede. Lo único que sé es que todas mis emociones son intensas por causa de mi dolor. Si alguna vez no tiene sentido lo que digo o me detengo en medio de una oración, por favor, sé paciente conmigo. No me estoy volviendo loco, y si me repito una y otra vez, por favor acepta esto como cosa normal.

Supongo que necesito tu presencia y tu comprensión y tu cuidado, más que nada. No siempre tienes que saber qué decir, o ni siquiera decir algo si no sabes cómo responder. Con tan sólo estar allí o un toque o un abrazo, me dejas saber que te preocupas. Por favor, no esperes a que te llame o trate de llegar a ti ya que en ocasiones estoy muy cansado o abatido para hacerlo.

Si tiendo a recogerme o alejarme de ti, por favor no dejes que lo logre. Yo necesito que me alcances durante meses y quizás años. Desearía que oraras por mí, para que yo logre ver algún significado o propósito en todo esto. Ahora mismo, no lo veo, y no puedo verlo, y cualquier cosa que otros me digan ahora, no me ayuda. Tú puedes orar para que yo sienta el consuelo y amor de Dios.

Si tú estás experimentando un tipo de pérdida similar, por favor, siéntate libre de compartirlo conmigo. Me ayudará en vez de hacerme sentir peor. Y cuando lo hagas, no te detengas si notas que me perturbo, o comienzo a llorar. Todo está bien, y no me molestará si tú terminas llorando también.

Esta pérdida es tan dolorosa, y en este momento se siente como la cosa peor que pudiera haberme sucedido. Pero yo sobreviviré y me recuperaré. En ocasiones, no me siento de esa forma, pero sé que sucederá. Yo me sostengo a esa esperanza. Sé que no me sentiré siempre como me siento ahora.

Gracias por ocuparte de mí, por escucharme y por orar. Tu preocupación me consuela y es un regalo por el cual siempre estaré agradecido.[3]

El tocar conlleva una cualidad sanadora

El tocar conlleva una cualidad sanadora. No vacile en pedir un abrazo de alguien cercano a usted cuando lo necesite. Una persona que experimentó una pérdida lo expuso de esta forma:

> Tu mente está aún en muletas... Hay algo raramente inspirador, silencioso y quebradizo en cuanto al dolor emocional que lo deja a uno sin palabras. Quizás los gestos son mejores. Yo he mencionado antes mi necesidad de abrazos. Estoy seguro que otras personas se sienten de la misma forma. Comodidad humana, física, sin ataduras, yo vi unos muñequitos animados en una ocasión, sin títulos... era una máquina de venta, el letrero en ella leía, "Abrazos 25 centavos". Yo desearía poder instalar una.[4]

Una vez recibí un regalo parecido. Como consejero, estoy llamado a dar cuidado a aquellos que vienen a mí por ayuda. Es un papel que he aceptado de parte del Señor, como ministerio. Pero en ocasiones, los papeles son dramáticamente puestos al reverso, como sucediera en mi oficina ese día.

Rick vino a hablar conmigo sobre problemas que él estaba teniendo. En el transcurso de nuestra conversación, él observó la última fotografía de nuestra familia que tenía en exhibición. Me preguntó sobre ellos, y yo mencioné que Matthew estaba ahora con el Señor. Rick hizo un sinnúmero de preguntas sobre Matthew y descubrió lo limitado de sus habilidades. Entonces dijo: "Supongo que nunca experimentaste lo que la mayoría de los padres han experimentado con sus hijos, ¿verdad, Norm? Nunca jugaste pelota con Matthew, nunca fuiste con él a pescar, y nunca escuchaste decir lo que la mayoría de los hijos dicen a sus padres mientras están creciendo. ¿Y solamente experimentaste unos pocos abrazos de él, verdad?"

Yo asentí silenciosamente con mi cabeza, mientras las lágrimas comenzaron a llenar mis ojos ante las palabras tan sensitivas y el recuerdo fresco de Matthew.

Rick continuó: "Bueno, recuerda esto, Norm. Cuando mueras y llegues al cielo, tu Matthew vendrá corriendo hasta ti y con sus nuevas habilidades, te tirará sus brazos al cuello y te dirá, 'Papi, te amo'".

Para ese entonces, mis lágrimas estaban fluyendo libremente. Yo le dije: "Gracias por decirme esto, Rick. Nadie nunca me ha dicho esto antes".

Rick sonrió, se levantó, caminó hacia mí, y me dio un fuerte abrazo. Un nuevo lazo fue establecido entre nosotros ese día mientras me daba cuenta una vez más que los aconsejados pueden ministrar a los que dan consejo.

La segunda carta es la de un padre de un hijo incapacitado:

Querido amigo (miembro de la familia, compañero de trabajo):

Recientemente se me notificó que nuestro hijo es profundamente retardado y que siempre será así. Me supongo que aún estoy en un estado de asombro y dolor. No estoy seguro sobre el próximo paso a seguir. Así que si no soy de la forma que usualmente soy, hay un buen motivo para ello, y deseo que estés consciente de esto. Habrá ocasiones en las que estaré deprimido o enojado o que lloraré a mitad de una conversación. No siempre podré decirte el porqué reacciono de esa forma. Solamente déjame expresar lo que siento. Por favor, no lo tomes como algo personal o trates de enmendarme. Si lo que digo no tiene sentido o me repito al hablar, solamente acepta esto como algo normal.

Parte de mi lucha es el aceptar el hecho de que mi hijo es retardado. Hay momentos en que culpo a Dios o a cualquiera que se atraviese en mi camino. Yo desearía no ser el padre de un niño así. En ocasiones me siento como si no lo quisiera a él. Pero sé que lo quiero. Lo único que veo en el futuro es siempre el ser el padre de un hijo retardado, sin cambio o esperanza de algo diferente.

Puede que haya ocasiones en que hayas sentido también sentimientos contrarios. Puede que no te sientas cómodo alrededor de nuestro hijo ya que él puede continuar sus ruidos, su coordinación no es buena, y eventualmente él no lucirá como los otros niños. Yo puedo entender tu vacilación. Está bien si no puedes manejar el estar alrededor de nuestro hijo. Espero que puedas estar alrededor de nosotros, ya que necesitamos tu comprensión y presencia. Cuando preguntes cómo estoy, seré honesto y te diré. Habrá ocasiones en que te diré lo que necesito, y quizás entre los dos encontraremos qué hacer.

Si me das consejo o sugerencias, los consideraré. Quizás en ocasiones los seguiré, y en otras ocasiones seguiré el plan o curso en el que ya estaba.

Sobre todo, necesito tu apoyo en oración. Yo necesito el consuelo y amor de Dios. Si sabes de otros que han pasado este mismo camino, déjame saber quiénes son, ya que quizás ellos puedan ayudarme.

Gracias por tu cuidado y apoyo y tu oído dispuesto a escuchar. Tu apoyo significa mucho para mí.

He aquí una carta de una madre de un hijo rebelde:

Querido amiga (o quien sea):
Puede que hayas oído que hemos tenido dificultad con nuestra hija mayor. Esto ha sido muy difícil para mi esposo y para mí, y en ocasiones estamos abochornados sobre lo sucedido. ¡Quién se hubiera podido

imaginar que ella usara drogas, dejase el colegio, y se pusiera a vivir en la calle! La razón de esta carta, es que es muy doloroso el tener que explicar esto una y otra vez a nuestras amistades y familiares. Nosotros deseamos que este problema terminara o que pudiésemos escondernos. Pero no termina y no podemos escondernos, y no tenemos ninguna idea de cómo terminará el asunto o cuándo terminará.

Por favor, sigue preguntándonos cómo estamos y continúa orando por nosotros. Posiblemente no seremos los mismos cada vez que hables con nosotros. Estaremos enojados en ocasiones o deprimidos y afligidos en otras. Ayúdanos a hablar, y solamente escucha. Si tienes alguna sugerencia, la consideraremos, y quizás en ocasiones lo que puedas decir nos beneficiará.

Te encontrarás, también, con muchas preguntas y sentimientos. Puede que estés sorprendida y enojada, por no haberte buscado para hablar con nuestra hija y hacer que modifique su conducta. Puede que inclusive te preguntes, cómo nosotros actuamos, en qué fallamos. ¿Qué cosa hubiéramos podido hacer diferente, para evitar que esto sucediera? Si escuchas a alguien juzgándonos, por favor déjales saber que ya nosotros nos estamos preguntando lo mismo y necesitamos su comprensión.

Por favor, no te alejes de nosotros. Necesitamos tu apoyo ahora más que nunca. Ora por nosotros al igual que por nuestra hija. Deseamos continuar amándola, animándola y creyendo en ella. Ora para que no nos concentremos tan solo en nuestro sufrimiento sino también en sus necesidades. No te sorprendas si te llamamos de vez en cuando y te decimos que necesitamos hablar, o te pedimos que salgamos a cenar y conversemos sobre cualquier cosa excepto nuestra hija, ya que necesitamos un descanso.

Esto es una pérdida para nosotros y para nuestros otros hijos, y duele. Gracias por tu apoyo.

¿Qué le digo a los demás?

Cuando usted toma un paso positivo y acertado para alcanzar a otros y dejarles saber lo que necesita, ganará confianza y fortaleza. Aliviará su sentimiento de víctima. Sobre todo, hable sobre sus sentimientos y preocupaciones con los miembros de la familia. No trate de protegerlos de las noticias, no importa cuál sea la consecuencia y sea consciente del peligro de negligencia hacia ellos por causa de toda la atención dada al problema.

No importa lo que diga, su comunicación sin palabras y el tono de voz, comunicará un mensaje más fuerte. Si tienes otros hijos, lo que le diga necesita ser apropiado a su edad y nivel de desarrollo. A medida que su situación cambie, necesitará mantenerlos al día.

Si el niño ha muerto, además de experimentar su propio dolor, puede que necesite ayudar a sus hijos en sus sufrimientos. Si uno de sus hijos se está rebelando, puede que usted esté luchando con el problema de no dejar que ese niño se vuelva en un modelo a seguir para los menores. Puede que usted necesite la ayuda de un consejero para saber exactamente qué decir y hacer.

Cuando se tiene un hijo incapacitado, puede que sea más difícil para otros de entender, especialmente si el niño luce "normal". El doctor Rosemarie Cook describe la tensión que experimentará cuando cría un hijo incapacitado:

> Cualquiera de los siguientes eventos puede ocasionarte tensión. Tu hijo incapacitado puede que esté en una situación donde peligra su vida. El niño pudiera estar medicamente estable pero requiere cuidado intensivo en casa. Puede que estés frustrado por no saber qué anda mal y puede que estés buscando ayuda y recursos. Cualquiera de estas situaciones pueden agotar el límite de energía emocional, tiempo y finanzas. Tienes solamente veinticuatro horas para dar, en el día. Necesitas tú mismo, cierta cantidad de descanso y alimentación. Tu mente necesita tiempo para procesar y ordenar los

pensamientos. Tu cuenta bancaria tiene límites específicos.

Cuando tu familia tiene un hijo incapacitado, es como si estuvieses subido en un aparato de un parque de diversiones. Cuando entras en el carro de una montaña rusa, otra persona sostiene los controles. No hay paradas o estaciones a lo largo del camino. Estás obligado a quedarte dentro del carro hasta el final de la travesía. El cuidado de tu hijo será algo continuo en tu vida; estás en esta carrera hasta que se detenga. No tendrás el lujo de detener el viaje para descansar. Tendrás negocios de familia, otros hijos y otras tensiones con la sque lidiar además del niño que requiere cuidados especiales.

El modelar provee una experiencia poderosamente instructiva. Tus hijos harán lo que hagas, no lo que digas. Si hay una discrepancia entre tus palabras y tus acciones, tus hijos escogerán la imitación de tus acciones. Las acciones son el resultado de actitudes, así que al imitar las acciones de los padres, los hijos incorporan las actitudes de sus padres sin darse cuenta. El mensaje entonces, que envías a tus hijos viene siendo igual al mensaje que te dices a ti mismo y a cualquier otro.[5]

Cuando usted decide compartir su situación con otras personas, a la misma persona a quien lleva su mensaje diariamente, es aquella que puede darle el consuelo y fortaleza que usted necesita. En ocasiones, por causa de los sentimientos que le sobrecogen, puede que tenga la tendencia de poner distancia entre usted y Dios. O puede que esté enojado con El. En cualquier caso, no se retraiga. Busque ayuda. Dígale todos sus sentimientos. Puede que desee comenzar un diario para ayudarle a clarificar sus sentimientos y progreso.

Quizás lo mejor para decirle a los demás puede ser resumido en esta frase: "La verdad; nada sino la verdad".

11

¿Por qué a mí?

Usted no será la última persona en preguntarle a Dios: "¿Por qué?" Y créame, no es la primera tampoco. Muchos años atrás, uno de Sus profetas preguntó lo mismo, y él no era una persona confusa ni tímida. El estaba aterrado con todo el sufrimiento que había visto, igual que algunos de nosotros estamos hoy día. Esto es lo que el profeta le dijo a Dios:

> *¿Hasta cuándo, oh Jehová, clamaré, y no oirás; y daré voces a ti a causa de la violencia, y no salvarás?*
> *¿Por qué me haces ver iniquidad, y haces que vea molestia? Destrucción y violencia están delante de mí, y pleito y contienda se levantan.*
> *Por lo cual la ley es debilitada, y el juicio no sale según la verdad; por cuanto el impío asedia al justo, por eso sale torcida la justicia.*
>
> Habacuc 1:2-4

Cuando nos encontramos con los valles profundos en nuestras vidas, ellos enseguida reflejan nuestra teología y filosofía de vida. Desafortunadamente, nuestras expectaciones y creencias, en ocasiones no corresponden con las Escrituras. Pero eso no significa que somos herejes. Más bien, a través de los tiempos de pruebas, tenemos la oportunidad de traer nuestro pensamiento y perspectiva acorde con la Palabra de Dios. Cuando un hijo muere, es un incapacitado o se ha extraviado, algunas de nuestras creencias son retadas.

Muchos cristianos creen, por ejemplo, que la vida es (o debiera ser) justa. Ellos piensan: *Si soy un cristiano, estoy inmune a la tragedia.* Dios no nos excluye de la desgracia, y El nunca prometió que lo haría. En ocasiones Dios interviene en forma extraña y maravillosa, pero es como El soberanamente escoge y no según nuestras demandas.

Usted puede tener dificultades para entender la relación entre la soberanía de Dios y nuestro libre albedrío. La mayoría de nosotros tenemos esa dificultad. A nadie le gusta el sufrimiento o la tragedia, especialmente cuando le sucede a un niño. Lo que suceda a nuestros niños cambiará nuestras vidas para siempre, especialmente nuestra perspectiva de Dios y nuestra relación con El.

Una pareja que no vive lejos de nosotros no tienen uno, sino dos hijos mentalmente retardados. Ellos han atravesado luchas intensas. Pero son ejemplos de que, a pesar de los problemas, un matrimonio con Jesucristo como el centro de sus vidas, no solamente sobrevive, sino que prospera. Ellos han regresado del precipicio del desastre. En un libro sobre su hijo, Craig, Gloria Hawley nos dicen su historia. Este incidente refleja los trastornos emocionales en sus momentos de desesperación:

> Poco tiempo antes de que Craig cumpliese los cinco años, una radiografía de la cabeza reveló una masa del tamaño de una nuez en su cerebro. La cirugía iba a ser extensa y riesgosa.
>
> El puño caprichoso de Dios parecía descender sobre la familia una vez más, aplastando la paz, la alegría y la esperanza. ¡Chan y Gloria se sintieron desamparados en su pobre intento de amar y proteger a sus hijos! Dios NO era "amor", si lo fuese, ¿cómo podría EL

continuamente producir dolor en niños inocentes y amenazar a su amado hijo con parálisis o muerte? "¡Te odio Dios!" gruñó Gloria con furia. "¡Deja a mi hijo QUIETO!" Ella había aprendido durante la infancia de Laura que no compensaba el rogar o hacer tratos con Dios. Y en cuanto a Su Hijo, ese endeble pelele de madera, ella no necesitaba de El tampoco. Los Hawleys conocían de Jesús, tanto como su propio interés le permitía. Gloria privadamente lo mantenía en una esquina de su mente, cerrado en una caja con una etiqueta: "Rompa el cristal en caso de emergencia". En esa fracción de segundo antes de la muerte, ella "rompería el cristal" diciendo: "Está bien, yo creo en ti, Jesús", y así se aseguraría una eternidad en el cielo. Hasta ese momento, ella murmuraba en contra de la condición de sus hijos y dirigía sus energías en un intento inútil de lograr que se pusieran "bien". Gloria tenía un temor secreto, nunca dicho, que la llevó a un mayor esfuerzo para incorporar a Laura y Craig dentro de los círculos de la normalidad: el horror de ver a esos seres queridos, creciendo a una madurez grotesca como adultos retardados. Como enfermera, Gloria sabía que cada cosa en los niños podría ser exagerado y distorsionado en años posteriores. Ella había visto casos de este tipo.

SUS hijos no se convertirían en unos repudiables objetos que otros ridiculizasen y rechazasen. Laura y Craig no estaban para sufrir ese destino, ¡aunque ella tuviese que mover el cielo y la tierra para lograr ese objetivo!

La obsesión de Gloria con sus hijos, su constante ansiedad, hostilidad y temor, lentamente dañaron su personalidad y su salud emocional. Ella discutió con los doctores, terapeutas, enfermeras, maestras, directores, técnicos, sicólogos, con todo el mundo en el "Sistema". Algunas de las batallas tuvieron su recompensa, pero mucho más pudo haberse logrado si Gloria se hubiera despojado de su enojo. Su ira estaba en realidad dirigida contra Dios. Ella no tenía ninguna dificultad con los principios teológicos sobre la soberanía de Dios; ella *sabía* que las aflicciones de su amado pequeño era *¡toda Su culpa!*[1]

Pero entonces, a través de las oraciones de las personas de alrededor de la nación, la masa desapareció. Hasta los neurocirujanos estaban confundidos. Su hijo estaba vivo y podía regresar a casa:

Vivo. Gloria deseaba poder decir lo mismo sobre ella misma. La presión increíble de la crisis y la rutina diaria con dos hijos, con incapacidades múltiples, era algo más de lo que ella podía manejar y resistir.
A los pocos meses de la cirugía de Craig, Gloria se encontró al final de su esperanza, salud, fortaleza y matrimonio. Mientras estaba en la cama del hospital acostada, con hemorragias por causa de una colitis, ella muy débilmente buscó al Señor que había despreciado por tanto tiempo. En lo más profundo de su ser, ella había rechazado ese antiguo Amor que el alma reconoce instintivamente. "Oh, por favor, perdóname y vive mi vida, *¡porque yo no puedo!"* —imploró con desesperación—. "¡Por favor, Jesús, escúchame! Yo no puedo continuar... ¡ven a mi corazón y vive mi vida! Todo ha llegado a su fin, sin TI".
El escuchó. El vino. El comenzó a sanarla desde adentro. Y El nunca, nunca la abandonó.
Cuando Gloria abandonó el hospital y regresó a su casa, tuvo que enfrentarse a las consecuencias de su vida porfiada, ¡pero ella no las enfrentó a solas![2]

He hablado con algunas personas que han dicho: "Por supuesto que Dios no entiende la extensión de mi dolor. Si El lo entendiera, y si nos amase como dice, daría fin a esta situación. Yo desearía que El se ocupase más de nosotros". Pero El sí se ocupa, más de lo que nosotros sabemos. El ha estado donde nosotros estamos. Según el libro, *Helping People Through Grief* (Ayudando a personas a través del dolor), Delores Kuenning explica:

> Todos nosotros le tememos al dolor; sin embargo desde la infancia el dolor nos sirve como un mecanismo de aviso que ha sido puesto dentro de nuestros cuerpos para protegernos de "la estufa caliente" o alertarnos a través de un proceso inflamatorio interno. Pero cuando destruye nuestros cuerpos, o el cuerpo de un ser querido, nos marchita el alma y nos atormenta físicamente, emocionalmente y espiritualmente. *¿Por qué Dios permite el sufrimiento?* —nos preguntamos—. *¿El sufrimiento tiene sentido?*
> Daniel Simundson, en *Where Is God in My Suffering?* (¿Dónde está Dios durante mi sufrimiento?) nos recuerda que "cuando clamamos a Dios en nuestros momentos de sufrimientos, sabemos que seremos oídos por Uno que verdaderamente sabe por lo que estamos pasando. Es un gran consuelo para el que sufre, el saber de la presencia de un Dios comprensivo y compasivo, que no solamente invita a nuestras oraciones humanas, sino también sabe lo que significa estar en gran dolor. Dios escucha. Dios nos entiende. Dios sufre con nosotros. Los lamentos son escuchados por Uno que ha estado allí".[3]

Su Hijo fue brutalmente asesinado. El nos comprende. Lea Su historia; está en los Evangelios.

Si Dios es Todopoderoso...

La fuente de lo que creemos tiene que ser la Palabra de Dios. Y ella declara una y otra vez que Dios es bueno y tiene cuidado de la humanidad. Nosotros sabemos también que El es Omnipotente. Eso significa que El es Todopoderoso. Pero, ¿qué significa *todopoderoso* para usted? En algunas ocasiones le atribuimos significados equivocados a esto. ¿Significará que somos robots y que El causa la más mínima cosa que nos sucede en el mundo?

La omnipotencia de Dios *no* necesariamente significa que todo lo que sucede, sucede de la forma que El desea que suceda. Al principio del mundo, El creó al ser humano con la facultad de tomar decisiones. Por causa de nuestras decisiones, suceden cosas que no son lo que El desea. Dios no hubiera podido darnos la libertad de amarle si no tuviésemos la libertad de rechazarlo a El y a Sus enseñanzas. El desea que Le amemos como consecuencia de nuestra decisión y de nuestra escogencia.

Dios no hubiera podido darnos la libertad de amarle si no tuviésemos la libertad de rechazarlo a El y a Sus enseñanzas.

El doctor Dwight Carlson, un amigo y siquiatra cristiano, ha visto a su hija ya mayor luchar contra la leucemia. El cedió de la médula de su hueso para usarlo como trasplante. En su libro *When Life Isn't Fair* (Cuando la vida no es justa), él escribe:

> Es también posible que, ya que Dios desea grandemente a los individuos que voluntariamente lo amen, alaben y sigan, que El no tenga otra alternativa que dejar que Satanás los pruebe con dolor, sufrimiento e infortunios. Esto es uno de los puntos principales enseñados en el Libro de Job. Permítame asegurarle que esto NO significa que Dios no sea soberano; en el Libro de Job, Satanás tiene que pedir permiso para

probar a Job, y Dios lo permite dentro de límites determinados por el propio Dios (Job 2:6).

El poder reconocer las limitaciones puestas por Dios mismo, es el concepto más difícil de alcanzar en este libro. Muchos fieles cristianos tienen dificultades con este punto de vista. Pero yo estoy convencido de que cuando Dios creó el mundo, El puso leyes en marcha que El inclusive escogió respetar. El problema con nosotros es que estas leyes interceptan nuestras vidas en las áreas más sensibles, en nuestros sufrimientos e infortunios.[4]

Cuando el sufrimiento toca a nuestros hijos, abogamos con El. Y cuando nuestros ruegos parecen no tener efecto, le decimos a Dios que hay algo injusto con El y con la forma que El maneja el mundo. Nos parece de esa forma. La mayoría de nosotros ponemos nuestra fe en fórmulas. Nos sentimos cómodos con lo predecible, lo regular y lo seguro. ¿No es así? Deseamos que Dios sea también de esa forma, así que tratamos de crearlo a El a la imagen de lo que queremos que El sea y haga.

Ninguno de nosotros puede predecir lo que Dios hará. Pablo nos recuerda esto en Romanos 11:33: *"Oh profundidad de las riquezas de la sabiduría y de la ciencia de Dios! ¡Cuán insondables son sus juicios, e inescrutables sus caminos!"*

Dios no es descuidado ni está ocupado en otro lugar. El tampoco es insensible o punitivo. El es supremo, soberano, amoroso y sensitivo.

Yo no comprendo por completo a Dios. Yo también tengo preguntas sin contestar sobre algunos de los eventos de mi vida. Pero todas nuestras pruebas, problemas, crisis y sufrimientos ocurren con permiso divino. Como dijera Don Baker:

> Dios permite que suframos. Esta puede ser muy bien la única solución que recibiremos al problema. Nada puede tocar al cristiano sin haber recibido permiso previo de Dios. Si yo no puedo aceptar esa declaración,

entonces yo realmente no creo que Dios es soberano, y si yo no creo en Su soberanía, entonces estoy sin esperanza frente a todas las fuerzas del cielo y del infierno.[5]

Dios permite los sufrimientos por Sus motivos. Nosotros podemos discutir y pelear contra esta verdad, o podemos aprender a ver a Dios como el controlador lleno de gracia del universo. El está libre de hacer lo que El desee, y no tiene que darnos explicaciones. Las personas en nuestra cultura de mentalidad independiente, tal parece que no pueden alcanzar esto. Nos sentimos como si Dios nos debe una explicación. Pero El no nos debe nada. El ya nos ha dado a Su Hijo y Su Espíritu Santo para fortalecernos y guiarnos. Nosotros miramos los problemas y las pérdidas y decimos: "¿Por qué?" Jesús nos pidió que las miráramos y dijéramos: "¿Por qué no?"

Creciendo a través del dolor

Dios nos permite experimentar cosas para favorecer nuestro crecimiento. El ha preparado las épocas de la naturaleza para producir crecimiento, y El ha arreglado las épocas de nuestras vidas para crecimiento también. Algunos días nos traen la luz del sol, y otros tormentas. Ambas son necesarias. El conoce la cantidad de presión que podemos manejar. Primera de Corintios 10:13 declara la promesa de Dios de *"no dejar que seas tentado más allá de lo que puedas soportar"*. Pero El sí permite que seamos tentado, sintamos dolor y experimentemos sufrimiento.

A medida que cuidamos a nuestro hijo incapacitado, nosotros crecimos y aprendimos. Tuvimos que hacerlo para poder sobrevivir. Conocimos el significado del nombre de Matthew, que es "regalo de Dios" o "de Dios un regalo". Aprendimos que junto con las dificultades de la vida, Dios te da los recursos para manejar la situación en el momento, y que El te ha preparado de antemano, aunque usted no esté consciente de ello.

***Aprendimos a dejar de depender tanto
de nuestros propios recursos y a
confiar en Dios y Su gracia.***

Eso fue lo que El hizo en nuestro caso. ¿Por qué? No sabemos. Sencillamente estamos muy agradecidos que El lo hizo. Y la forma en que Dios nos alcanza para fortalecernos es única en cada persona. Aprendimos a dejar de depender tanto de nuestros propios recursos y a confiar en Dios y Su gracia. Dios nos da Su gracia para vivir tanto si el sol está brillando como si nosotros somos sacudidos por un tornado feroz. La gracia es en realidad la seguridad de Dios de que la vida puede ser correcta aunque las cosas en ella parezcan erróneas. Es el poder de vivir hoy como si las cosas estarán bien mañana. Lewis Smedes describe esto gráficamente:

> La gracia no hace todo perfecto. Lo original de la gracia es que nos demuestra que está bien para nosotros el vivir; que es verdaderamente bueno, maravilloso inclusive, para nosotros, el estar respirando y sintiendo al mismo tiempo que todo lo que se une alrededor nuestro es totalmente desdichado. Gracia no es una entrada para la "Isla de la Fantasía"; la Isla de la Fantasía es un sueño de ficción. La gracia no es una opción para encantar la vida a nuestro gusto; los encantamientos son magias. La gracia no cura todos nuestras preocupaciones, no transforma todos nuestros hijos en unos vencedores, ni nos envía a todos en un vuelo a las alturas del éxito. La gracia es más bien un poder asombroso para ver de frente las realidades terrenales, ver sus bordes tristes y trágicos, sentir sus crueles heridas, unirnos a los primeros que a coro se opongan a sus atroces injusticias, y sin embargo, que usted sienta en lo más profundo de su ser de que es bueno y correcto estar vivo en la buena tierra de Dios.[6]

Nosotros aprendemos la verdad y el significado de muchos de los pasajes de la Palabra de Dios. A través de los años, un pasaje en particular se hizo vigente a medida que dependíamos más y más de él: "Hermanos míos, tened por sumo gozo cuando os halléis en diversas pruebas, sabiendo que la prueba de vuestra fe produce paciencia" (Santiago 1:2-3). La versión Amplificada en inglés dice: "Pero deja que el sufrimiento y la firmeza y paciencia haga su papel cabalmente y la obra completa, para que usted pueda ser [la persona] perfecta y completamente desarrollada (sin defectos), careciendo de nada" (Santiago 1:4).

El aprender a poner esto en práctica es un proceso. Y el pasaje no nos dice "responda de esta forma inmediatamente". Usted tiene que sentir el dolor y el sufrimiento primero, y entonces podrá considerarlo todo como gozo.

¿Qué significa la palabra *considerar*? Según yo he estudiado en los comentarios, he podido descubrir que se refiere a una actitud interna del corazón o de la mente que permite que las tribulaciones y circunstancias de la vida nos afecten de forma adversa o beneficiosa. Otra forma que Santiago 1:2 puede ser traducido es esta: "Toma tu decisión de considerar la adversidad como algo a lo que puedes darle la bienvenida o alegrarte en ella". Usted tiene el poder de decidir cuál será su actitud. Puede decir sobre una tribulación: "Es terrible —y totalmente disgustado—. Esto es lo último que yo deseaba en mi vida. ¿Por qué tuvo que suceder ahora? ¿Por qué a mí?"

La otra forma de "considerar" la misma dificultad, puede ser: "No es lo que yo deseaba o esperaba, pero está aquí. Van a venir algunos momentos difíciles, pero, ¿cómo puedo hacer lo mejor al manejarlos?" Nunca niegue el dolor o la herida por la que pueda tener que atravesar, pero siempre pregunte: "¿Qué puedo aprender de esto? ¿Cómo puedo crecer a través de esto? ¿Cómo puedo usarlo para la gloria de Dios?"

El tiempo del verbo que se usa en la palabra *considerar* indica una acción decisiva. No es una actitud de resignación: "Bueno, ya me rendí. Estoy trabado con este problema. Esta es la vida". Si usted renuncia, se sentará y nada hará. Pero

Santiago 1:2 indica que usted tendrá que ir en contra de sus inclinaciones naturales de ver las tribulaciones como algo negativo. Habrá algunos momentos cuando tendrá que recordarse a sí mismo: "Yo creo que hay una forma mejor de responder a esto. Señor, yo realmente deseo Tu ayuda para poder verlo desde otra perspectiva". Entonces su mente cambiará para responder de una forma más constructiva. Pero con frecuencia esto toma un gran esfuerzo de parte suya.

Dios nos ha creado con la capacidad y libertad de determinar cómo vamos a responder a los incidentes inesperados que la vida nos trae en nuestro camino. Usted puede desear que cierto evento nunca hubiese ocurrido, pero no puede cambiar los hechos.

Una de las mejores maneras de clarificar nuestras respuestas a lo que no podemos entender, es explicada mediante una frase escrita por el doctor Gerald Mann. El sugiere que nosotros somos "libres para determinar qué nos va a suceder cuando algo nos sucede a nosotros".[7] ¿Entendió eso? Ello es su decisión.

Viktor Frankl, un médico judío enviado a un campo de muerte por los nazis, aprendió esta misma verdad. Un día en la prisión un guardia supremamente cruel vio que Frankl aún tenía su anillo de matrimonio y se lo quitó. Era la última posesión de Frankl que le daba alguna conexión con el pasado, ya que sus padres, esposa e hijos habían muerto en la cámara de gas. Y todos sus papeles y fotos le habían sido quitadas.[8] La historia continúa:

> Mientras él estuvo de pie mirando la cara de burla del guardia, un pensamiento completamente inesperado inundó su conciencia. El se dio cuenta de que había una cosa, y solamente una cosa, que el guardia no podía separar de él, y esto era, *la forma cómo él decidía sentir* sobre el guardia y sobre lo que el guardia le estaba haciendo.
>
> "Todo puede ser tomado de un hombre excepto una cosa —dijo Frankl—, la última libertad del hombre,

el decidir la actitud que desea tomar en cualquier circunstancia dada".[9]

¿No es esto lo que Pablo estaba diciendo en Filipenses 4:12? *"Sé vivir humildemente y sé tener abundancia; en todo y por todo estoy enseñado, así para estar saciado como para tener hambre, así para tener abundancia como para padecer necesidad".* Y su contentamiento vino de la fuerza que le diera Cristo *"Todo lo puedo en Cristo que me fortalece"* (Filipenses 4:13).

Usted y yo tenemos una decisión que tomar —no sobre las dificultades de la vida, porque ellas son inevitables, sino sobre el gozo, ¡porque él siempre es una opción!

John Killinger ofrece su beneficiosa perspectiva de cómo podemos manejar las dificultades de la vida:

> De alguna forma, el gozo surge de la pérdida y el sufrimiento y las faenas de igual forma que surgen de los placeres y el descanso. Es mucho más profundo que la superficie de la existencia; tiene que ver con toda la estructura de la vida. Es el perfume de la rosa que ha sida aplastada, los colores en el pájaro que es herido, el nudo en la garganta del hombre que ve y sabe, instintivamente, que la vida es algo maravilloso.
>
> No me interprete mal. Yo no estoy sugiriendo que Dios envía problemas para aumentar nuestro aprecio por la vida o hacernos más conscientes de Su cercanía. Tampoco estoy implicando que la vida plena llega solamente a aquellos que han pasado por aguas profundas. Más bien, lo que estoy diciendo es que Dios está presente en toda nuestra vida, incluyendo sus tragedias. Su presencia transforma aun estas experiencias agonizantes en oportunidades para alabarle.[10]

Durante el tiempo de la angustia tanto como en los otros momentos de la vida, nuestra estabilidad viene de nuestro

Señor. La Palabra de Dios dice: *"Y al que puede confirmaros según mi evangelio y la predicación de Jesucristo, según la revelación del misterio que se ha mantenido oculto desde tiempos eternos"* (Romanos 16:25).

"Luego les dijo: 'Id, comed grosuras, y bebed vino dulce, y enviad porciones a los que no tienen nada preparado; porque día santo es a nuestro Señor; no os entristezcáis, porque el gozo de JEHOVA es vuestra fuerza'" (Nehemías 8:10). *"Y reinarán en tus tiempos la sabiduría y la ciencia, y abundancia de salvación; el temor de Jehová será su tesoro"* (Isaías 33:6).

Dios es el último recurso.

Durante los tiempos de angustia así como en todos los demás tiempos de la vida, nuestra estabilidad viene de nuestro Señor.

Este es el mensaje de Job: *"He aquí, aunque él me matare, en él esperaré"* (Job 13:15a).

Este es el mensaje de David: *"Aunque ande en valle de sombra de muerte, no temeré mal alguno, porque tú estarás conmigo; tu vara y tu cayado me infundirán aliento"* (Salmos 23:4).

Este es el mensaje de Isaías: *"Tu guardarás en completa paz a aquel cuyo pensamiento en ti persevera; porque en ti ha confiado"* (Isaías 26:3).

Este es el mensaje de Pablo: *"Por lo cual estoy seguro de que ni la muerte, ni la vida, ni ángeles, ni principados, ni potestades, ni lo presente, ni lo por venir, ni lo alto, ni lo profundo, ni ninguna otra cosa creada nos podrá separar del amor de Dios, que es en Cristo Jesús Señor nuestro"* (Romanos 8:38-39).

¿Dónde estás?

¿Dónde estás en relación a las preguntas que estás haciendo? Eres capaz de decir:
¿Qué puedo aprender de esto?
¿Cómo puedo crecer a través de esto?
¿Cómo Dios puede ser glorificado a través de esto?
El tiempo vendrá cuando tú puedas hacer estas preguntas y ellas serán contestadas.[11]
¿Recuerdas la pregunta hecha por el profeta Habacuc al principio de su capítulo? Aunque su *por qué* parece no ser contestado, él eventualmente llegó al lugar de confianza y esperanza:

> *Aunque la higuera no florezca, ni en las vides haya frutos, aunque falte el producto del olivo, y los labradores no den mantenimiento y las ovejas sean quitadas de la majada, y no haya vacas en los corrales; con todo, yo me alegraré en Jehová, y me gozaré en el Dios de mi salvación.*
>
> Habacuc 3:17-18

La palabra me *alegraré* significa "brincar de alegría y dar vuelta de triunfo". Eso no es alegría que se base en la carencia de problemas o preocupaciones, sino más bien en el gozo de tener fe en Dios, sin importar las circunstancias.

A través de los años, hemos aprendido y hemos sido ministrados mediante las luchas y revelaciones de otros. En ocasiones hemos aprendido observándolos, hablándoles a ellos, o leyendo lo que han escrito. Habrán ocasiones cuando usted esté envuelto en el aprendizaje, pero necesita a alguien más en su vida que se lo resuma. Recientemente, me encontré con la siguiente declaración que abrió mis ojos una vez más. Quizás pienso así porque he criado a un hijo lisiado, tengo cincuenta y cinco años en el momento de este escrito, y estoy ayudando a cuidar a nuestras madres ya mayores con edades de ochenta y ocho y noventa y dos años.

R. Scott Sullender, un pastor, escribió estas palabras penetrantes:

> Hay una persona incapacitada en su futuro: ¡Usted! Las personas incapacitadas están lidiando en el momento presente con lo que usted y yo tendremos que lidiar más tarde. Tarde o temprano cada uno de nosotros se convertirá en un incapacitado de una forma u otra. Tarde o temprano cada uno de nosotros tendremos que lidiar con una o varias pérdidas mayores en nuestra salud. Entonces viajaremos por el mismo camino que la persona incapacitada está viajando ahora. Entonces sabremos mejor de su dolor, frustración y sufrimientos. Quizás si pudiéramos aprender de ellos ahora, cualquiera que sea nuestra edad, estaríamos mejor preparados para enfrentar nuestro propio futuro.
>
> Las personas incapacitadas nos enseñan que la vida es más que el cuerpo. Ellos demuestran la verdad de todas las grandes religiones, que lo que realmente nos hace verdaderamente humanos y verdaderamente divinos no son las cualidades físicas, sino las cualidades del Espíritu. San Pablo enumeró alguna de estas cualidades: amor, gozo, paz, paciencia, benignidad, bondad, fe, mansedumbre, templanza (Gálatas 5:22). Jesús enumeró otras más: mansos, pacificadores, puros de corazón, misericordiosos, hambrientos de justicia, padecen persecución por causa de la justicia (Mateo 5:3-10). Ninguno de ellos mencionó belleza física o ni siquiera salud física. Las cualidades que nos salvan no incluyen la forma de nuestros cuerpos.
>
> Las personas incapacitadas también nos pueden enseñar cómo sufrir y cómo levantarnos sobre las limitaciones del cuerpo. En algunas ocasiones el dolor no puede ser remediado, ni tampoco pueden todas las

limitaciones ser vencidas. La mayoría de nosotros tendremos que lidiar con el dolor y las limitaciones, al principio de formas simples y luego en formas mayores y más complejas. Aprenderemos nuevos significados para la palabra "coraje". Ya sea que nos levantemos sobre nuestras limitaciones y aprendamos a vivir con ellas o que nos hundamos a nuevos y más bajos niveles de desesperación, amargura y desesperanza. La decisión depende en gran manera del grado de nuestro coraje.

En un sentido, entonces, una incapacidad o pérdida de la salud puede convertirse en un regalo. Nunca comienza de esa forma. Inicialmente es una pérdida horrible. Si a través de la pérdida, no obstante, podemos aprender a nutrir nuestras cualidades espirituales y aprender el arte de saber sufrir, entonces habremos transformado nuestra pérdida en ganancia. Habremos crecido en medio y a través de nuestra pérdida. Habremos ido por encima de nuestra pérdida, precisamente al no dejar que nos venza, sino al dejar que nos impulse hacia adelante, hacia una etapa de mayor avance en el ejercicio humano. Admitamos que, no todos logran ese gran paso hacia adelante. Y también que algunos seres humanos no han avanzado su teología más allá de una clase de Escuela Dominical. Pero la pérdida de la salud al final de la vida, por horrible que parezca, puede ser la oportunidad para crecer hacia un nivel de madurez espiritual mayor.[12]

Cuando nos estábamos recuperando de la muerte de Matthew, los momentos de tristeza se hicieron más y más esporádicos. Desafortunadamente, la agudeza de los recuerdos humanos tiende a borrarse a medida que pasa el tiempo. Y eso es algo que resistimos, ya que eso es todo lo que nos queda. Pero a menudo, cuando usted menos lo espera, algo nuevo entra en nuestras vidas para que nos afecte, eso sucede.

Nos sucedió el 15 de agosto de 1991 —el día que Matthew hubiera cumplido sus veinticuatro años.

La Gracia de Dios

Cualquier aniversario es doloroso cuando la pérdida es reciente. Pero esa noche, nos pusimos en contacto con una asistente que había cuidado de Matthew en el Hogar Cristiano de Salem, su residencia por los últimos once años de su vida. Un amigo dijo que la señora deseaba contarnos algunas de sus experiencias con Matthew.

A medida que hablamos por teléfono, ella nos dijo sobre varios aspectos de la vida de Matthew que nunca habíamos visto. Nos describió cómo él había aprendido a poner junto un rompecabezas muy simple. Cuando lo llevaba a caminar afuera, Matthew se adelantaba caminando y luego trataba de esconderse de ella. Nos describió cómo él había aprendido a secarse el pelo con una secadora, y cómo él la viraba y le secaba el pelo a ella.

Un día ella llevó a su bebé de seis meses al dormitorio para que todos los residentes lo viesen. Ella puso a su bebé en los brazos de Matthew y se puso alrededor de él para ayudarlo a cargar a su pequeña niña. Mientras lo hacía, los meció un poco mientras le cantaba "A ru ru mi niño", y ella notó lágrimas cayendo de los ojos de nuestro hijo. Nos sorprendimos de las noticias. La mujer nos había dado unos recuerdos maravillosos.

Para alguien que nunca ha criado un hijo incapacitado, esos incidentes puede que no luzcan como algo importante. Pero por causa de las limitaciones de Matthew que eran tan grandes y las acciones ordinarias de la vida que eran tan pocas, el conocimiento de esas experiencias adicionales de nuestro hijo fue una bendición inmensurable para nosotros.

Nunca ceso de maravillarme del tiempo de Dios. Al próximo día, recibí una carta de una señora que me había escrito algún tiempo atrás. Su primera carta describía cómo una sanidad había sucedido entre ella y su padre de ochenta y tres años de edad. Un cuarto de siglo que le separaba a ambos, había sido enmendado, y una nueva unión había ocurrido. Ella deseaba decírmelo porque mi libro *Siempre seré tu niña pequeña* (Portavoz Evangélico) le había ayudado con esta relación. Ella también me pidió que orara por su padre, que no había aún confiado en Jesucristo como su Salvador personal.

En la nueva carta, la señora decía que su padre se había finalmente convertido al cristianismo el año anterior. Ella siguió contando que había muerto tres meses más tarde, y describió la escena de la última visita con él. Yo la reproduzco aquí, con su permiso, porque provee una hermosa imagen de los pasajes de la vida a través de los cuales todos tenemos que atravesar, y describe cómo todos nosotros terminaremos incapacitados hasta que Jesús nos alcance y nos llame a casa:

Media vida. Un reverso de la función. Papi es el hijo ahora y yo soy la madre.

Se nos notificó que su corazón estaba fallando. El había hecho un esfuerzo valiente de venir a la boda de su nieta, pero el viaje demostró ser demasiado para él. A su llegada a la boda, él lucía de un tono gris cenizo. Todo el mundo estaba preocupado por él. Yo me convencí a mí misma de que con un poco de descanso, la próxima semana él estaría bien. Pero la próxima semana llegó, y junto con ella, las noticias alarmantes. El estaba indiferente, incapaz de levantarse en ocasiones, pálido y tembloroso, y sus piernas y tobillos estaban muy inflamados. Todos los síntomas de fallo del corazón. El necesitaba ser visto por un doctor.

Como hija, mi corazón estaba entristecido con el pensamiento de perder a mi papi. Las lágrimas fluían libremente mientras oraba por otra oportunidad para estar con él antes de que muriera. Cómo deseaba el poder decirle una vez más lo mucho que él significaba para mí. Usted puede advertir, nuestra relación ahora como padre e hija era muy simple, pero tierna. Cada vez que lo visitaba, le recordaba que él había dado

¿Por qué a mí?

abrazos como ninguna otra persona podía hacerlo, y que yo aún necesitaba que él fuese mi papi. Su rostro siempre se iluminaba cuando se lo recordaba.

Cuando empecé a empacar mis maletas para hacer mi viaje de cuatro horas a su casa, mis pensamientos se volvieron hacia un libro que le había dado recientemente a mis hijas. Era un libro de niños que decía cómo se pasa el amor de una generación a la otra. Lo metí dentro de mi maleta, con la esperanza de poderlo compartir con mi papi.

A mi llegada, el doctor confirmó nuestra sospecha, era un ataque al corazón de carácter grave. Papi podía tener otro ataque al corazón en cualquier momento. El doctor pidió que me quedase con él por la próxima semana para vigilar su condición.

La segunda noche después de la cena, le dije a papi que deseaba compartir algo con él, una historia sobre él y yo. El respondió con aprecio a mi petición. A medida que comencé a leer, la emoción se apoderó de mi voz. La historia comenzaba con el niño como bebé cuando es mecido en los brazos de su madre, quien le cantaba esta canción a él:

"Yo te amaré siempre
Tú me gustarás siempre,
Mientras yo viva,
Tú serás mi bebé".

A medida que se fue desarrollando la historia del niño pasando por las varias etapas de la niñez hasta madurar, papi escuchó con agrado. En cada etapa de desarrollo, la madre cantaba el mismo verso al hijo. El miraba los dibujos con una ansiedad infantil, comentando sobre ellos a cada rato. En ese momento entendí que los papeles se habían cambiado. Yo era ahora la madre, leyéndole una historia al niño. Se sentía extraño. Pero era muy bueno, porque esa es la forma que la vida es a veces. Los papeles cambian a medida que pasamos de una etapa de la vida a otra.

En la historia, años después que el niño había alcanzado madurez, la madre se convirtió en una anciana, frágil. Los dibujos mostraban un hombre con el ceño fruncido sosteniendo a su madre moribunda en sus brazos, meciéndola y cantándole esta canción:

"Yo te amaré siempre,
Tú me gustarás siempre,
Mientras yo viva,
Mi mami tú serás".

"Así es como yo me siento en relación a ti, papi. ¡Yo te amaré siempre!" Las lágrimas llenaron nuestros ojos, y él me abrazó una vez más.

Los días de nuestra visita pasaron con rapidez, y ya era tiempo de volver a hacer mi viaje de cuatro horas de regreso a casa. Mi familia estaba esperándome para cenar esa noche. Iba a ser difícil dejar a papi, sabiendo que era posible que nunca lo volviera a ver en este lado del mundo. Pero el Señor ya me había asegurado de que algún día en el cielo, íbamos a ser reunidos. Ahora mi llamado como madre sería el de regresar a la casa a la próxima generación y pasar la canción que papi me había cantado a mí en cada etapa de mi vida:

"Yo te amaré siempre,
Tú me gustarás siempre,
Mientras yo viva,
Mi bebé tú serás".[13]

Que Dios le bendiga en su viaje a través de la vida, y que pueda experimentar Su gracia durante sus gozos y tristezas.

Notas

Capítulo 1
1. Original, fuente desconocida.

Capítulo 2
1. Buddy Scott, *Relief for Hurting Parents* (Nashville: Thomas Nelson, 1989), p. 12.
2. R. Scott Sullender, *Losses in Later Life* (New York: Integration Books/Paulist Press, 1989), p. 68.
3. Scott, *Relief for Hurting Parents,* pp. 17-18.
4. Jo Brans, *Mother, I Have Something to Tell You* (New York: Doubleday, 1987), p. 85.
5. James Dobson, *Parenting Isn't for Cowards* (Waco, Tex.: Word, 1987), pp. 184-85, adaptado.
6. Gleason L. Archer, *Encyclopedia of Bible Difficulties* (Grand Rapids, Mich.: Zondervan, 1982), p. 253.
7. James Kennedy, *Your Prodigal Child* (Nashville: Thomas Nelson, 1988), pp. 42-43, adaptado.
8. Ibid., p. 44.
9. Ibid., p. 45, adaptado.
10. Jerry y Mary White, *When Your Kids Aren't Kids Anymore* (Colorado Springs, Colo.: NavPress, 1989), pp. 160-62, adaptado.
11. H. Norman Wright, *Siempre seré tu niña pequeña* (Portavoz Evangélico) adaptado.

Capítulo 3
1. "No More Night", Walt Harrah\Word.
2. Dr. Ken Garland, profesor, Talbot Graduate School of Theology, La Mirada, California.

3. Usado con permiso de Mrs. Kathy Madden, Richardson, Texas.

Capítulo 4
1. Lilly Singer, Margaret Sirot, y Susan Rodd, *Beyond Loss* (New York: E. P. Dutton, 1988), p. 62.
2. R. Scott Sullender, *Grief and Growth* (New York: Paulist Press, 1985), p. 56.
3. Therese A. Rando, *Grieving* (Lexington, Mass.: Lexington Books, 1988), pp. 11-12, adaptado.
4. Ibid., pp. 18-19, adaptado.
5. Rosemarie S. Cook, *Parenting a Child with Special Needs* (Grand Rapids, Mich.: Zondervan, 1992), p. 38.
6. Georgia-Witkin, *The Female Stress Syndrome,* 2nd ed. (New York: New Market Press, 1991), p. 91, adaptado.
7. Melissa Balmain Weiner, "Stress of Raising Disabled Children Often Leads to Breakup of Families", *Orange County Register,* Nov. 6, 1991, p. A16.
8. Gerald Mann, *When the Bad Times Are Over for Good* (Brentwood, Tenn.: Wolgemuth & Hyatt, 1992), pp. 4-5.
9. Cook, *Parenting a Child with Special Needs,* p. 40.
10. Ann Kaiser Stearns, *Living Throught Personal Crisis* (New York: Ballantine, 1984), pp. 85-86.
11. Ann Kaiser Stearns, *Coming Back* (New York: Ballantine, 1988), pp. 16-17.
12. Bob Diets, *Life After Loss* (Tucson, Ariz.: Fisher Books, 1988), p. 27, adaptado.
13. Ibid., p. 28, adaptado.
14. Charles R. Swindoll, *Growing Strong in the Seasons of Life* (Portland, Oreg.: Multnomah Press, 1983), pp. 274-75.

Capítulo 5
1. Carol Staudacher, Beyond Grief (Oakland, Calif.: New Harbinger, 1987), pp. 100-101, adaptado.
2. Therese A. Rando, *Grieving* (Lexington, Mass.: Lexington Books, 1988), pp. 164-65.

3. Ibid., p. 105, adaptado.
4. Ibid., p. 13.
5. Ronald J. Knapp, *Beyong Endurance—When a Child Dies* (New York: Schocken, 1986), p. 45.
6. Ibid., pp. 52-53.
7. Staudacher, *Beyond Grief,* p. 109, adaptado.
8. Ibid., p. 113, adaptado.
9. Knapp, *Beyond Endurance —When a Child Dies,* p. 103, adaptado.
10. Ibid., p. 41.
11. Glen W. Davidson, *Understanding Mourning* (Minneapolis: Augsburg, 1984), p. 59. Usado con permiso.
12. H. Norman Wright, *Recovering from the Losses of Life* (Tarrytown, N.Y.: Revell, 1991), pp. 49-49, adaptado.
13. Knapp, *Beyond Endurance —When a Child Dies* (New York: Schocken, 1986), p. 184, adaptado.
14. Ann Kaiser Stearns, *Coming Back* (New York: Ballantine, 1988), p. 172.
15. Knapp, *Beyond Endurance —When a Child Dies,* p. 29.
16. Rando, *Grieving,* p. 169, adaptado. Carol Staudacher, *Beyond Grief,* p. 116, adaptado.
17. Staudacher, *Beyond Grief,* pp. 117-18, adaptado.
18. Rando, *Grieving,* pp. 177-78, adaptado.
19. David W. Wiersbe, *Gone But Not Lost* (Grand Rapids, Mich.: Baker, 1992), p. 55.
20. Knapp, *Beyond Endurance —When a Child Dies,* p. 206.
21. Max Lucado, *The Applause of Heaven* (Dallas: Word, 1990), pp. 186-87. Usado con permiso.
22. Ibid., p. 190.

Capítulo 6
1. John DeFrau, "Learning About Grief from Normal Families: SIDS, Stillbirth, and Miscarriage", *Journal of Marital and Family Therapy,* Julio 1992, p. 223, adaptado.
2. Ibid., p. 229, adaptado.

3. Therese A. Rando, *Grieving* (Lexington, Mass.: Lexington Books, 1988), pp. 181-83, adaptado.
4. Citado en Delores Kuenning, *Helping People Through Grief* (Minneapolis: Bethany, 1987), p. 130.
5. Carol Staudacher, *Beyond Grief* (Oakland, Calif.: New Harbinger, 1987), p. 104.
6. Rando, *Grieving,* pp. 183-86, adaptado.
7. Kuenning, *Helping People Through Grief,* p. 59, adaptado.
8. Ibid., p. 60, adaptado.
9. Staudacher, *Beyond Grief,* p. 108.
10. Kuenning, *Helping People Through Grief,* p. 63.
11. C. S. Lewis, *A Grief Observed* (New York: Bantam, 1961), p. 9.
12. Staudacher, *Beyond Grief,* p. 227.
13. Dale y Juanita Ryan, *Recovery from Loss* (Downers Grove, Ill.: InterVarsity Press, 1990), pp. 40-41, adaptado.
14. Rando, *Grieving,* pp. 281-83, adaptado.
15. Ibid., pp. 284-86, adaptado.

Capítulo 7
1. Rosemarie S. Cook, *Parenting a Child with Special Needs* (Grand Rapids, Mich.: Zondervan, 1992), p. 83.
2. Therese A. Rando, *Grieving* (Lexington, Mass.: Lexington Books, 1988), pp. 170-71, adaptado.
3. Ibid., pp. 172-73, adaptado.
4. Carol Staudacher, *Beyond Grief* (Oakland, Calif.: New Harbinger, 1987), p. 123, adaptado.
5. Charlotte E. Thompson, *Raising a Handicapped Child* (New York: Morrow, 1986), pp. 62-64, adaptado.
6. Ibid., p. 66.
7. Rando, *Grieving,* pp. 178-79, adaptado.
8. Thomas M. Skric, Jean Ann Summers, Mary Jane Brotherson, y Ann P. Turnbull, "Severely Handicapped Children and Their Brothers and Sisters", *Severely Handicapped Young Children and Their Families,* ed. Jan Blacker (Orlando: Academic Press, 1984), pp. 215-46.

Como fue discutido en Cook, *Parenting a Child with Special Needs,* pp. 94-95.
9. Rando, *Grieving,* p. 180, adaptado.
10. Gary J. Oliver y H. Norman Wright, *Kids Have Feeling Too* (Wheaton, Ill.: Victor Books, 1993), p. 115.

Capítulo 8
1. Therese A. Rando, *Grieving* (Lexington, Mass.: Lexington Books, 1988), pp. 120-24, adaptado.
2. Lloyd John Ogilvie, *God's Best for My Life* (Eugene, Oreg.: Harvest House, 1981), p. 9. Usado con permiso.
3. Robert Veninga, *A Gift of Hope* (Boston: Little, Brown, 1985), p. 150.
4. Marilyn Willett Heavilin, *When Your Dreams Die* (San Bernardino, Calif.: Here's Life, 1990), pp. 39-41.
5. *Los Angeles Times,* Diciembre 22, 1991, Metro Section B. pp. 1-2, adaptado.
6. Lilly Singer, Margaret Sirot, y Susan Rodd, *Beyond Loss* (New York: E. P. Dutton, 1988), pp. 92-93, adaptado.

Capítulo 9
1. Therese A. Rando, *Grief, Dying and Death* (Champaign, Ill.: Research Press, 1984), p. 134, adaptado.
2. Steve Laroe, "My Infant's Death: A Father's Story", *Glamour,* como fue citado en Carol Staudacher, Men and Grief (Oakland, Calif.: New Harbinger, 1991), p. 207.
3. Staudacher, *Men and Grief,* pp. 4-12, adaptado.
4. Therese A. Rando, ed., *Parental Loss of a Child* (Champaign, Ill.: Research Press, 1986), p. 294, adaptado.
5. Michael E. McGill, *The McGill Report on Male Intimacy* (New York: Harper & Row, 1985), p. 176.
6. Staudacher, *Men and Grief,* p. 155.
7. Ibid., pp. 22-25, adaptado.
8. Max Lucado, *No Wonder They Call Him the Savior* (Portland, Oreg.: Multnomah Press, 1986), p. 106. (Próximamente en español por Editorial Unilit).

9. William Schatz, *The Compassionate Friends*, citado en "Grief of Father", en *Parental Loss of a Child,* ed. Rando, p. 297.
10. H. Norman Wright, *Recovering from the Losses of Life* (Tarrytown, N.Y.: Revell, 1991), pp. 46-48, adaptado.
11. Ken Gire, *Incredible Moments with the Savior* (Grand Rapids, Mich.: Zondervan, 1990), pp. 96-97.
12. Roger Witherspoon, "Say, Brother", *Essence,* citado en Staudacher, *Men and Grief,* p. 36.
13. Louis Bragman, "Houdini Escapes from Reality", *The Psychoanalytic Review,* citado en Staudacher, *Men and Grief,* p. 37.
14. Staudacher, *Men and Grief,* pp. 34-37, adaptado.
15. Rando, *Grief, Dying and Death,* p. 136, adaptado.
16. Staudacher, *Men and Grief,* p. 155.
17. Marilyn Willett Heavilin, *When Your Dreams Die* (San Bernardino, Calif.: Here's Life, 1990), pp. 27-28.

Capítulo 10
1. Citado en Bob Diets, *Life After Loss* (Tucson, Ariz.: Fisher Books, 1988), p. 148.
2. Charlotte E. Thompson, *Raising a Handicapped Child* (New York: Morrow, 1986), pp. 38-41, adaptado.
3. Diets, *Life After Loss,* pp. 150-51, adaptado.
4. Betty Jane Wylie, *The Survival Guide for Widows* (New York: Ballantine, 1982), p. 113.
5. Rosemarie S. Cook, *Parenting a Child with Special Needs* (Grand Rapids, Mich.: Zondervan, 1992), p. 45.

Capítulo 11
1. Gloria Hope Hawley, *Champions* (Grand Rapids, Mich. Zondervan, 1974), pp. 122-23.
2. Ibid., p. 124.
3. Delores Kuenning, *Helping People Through Grief* (Minneapolis: Bethany, 1987), p. 203. Las citas de este material es de Daniel Simundson, *Where Is God in My*

Suffering? (Minneapolis: Augsburg, 1983), pp. 28-29. Usado con permiso.
4. Dwight Carlson y Susan Carlson Wood, *When Life Isn't Fair* (Eugene, Oreg.: Harvest House, 1989), p. 52. Usado con permiso.
5. Don Baker, *Pain's Hidden Purpose* (Portland, Oreg.: Multnomah Press, 1984), p. 72.
6. Lewis Smedes, *How Can It Be All Right When Everything Is All Wrong?* (New York: Harper & Row, 1982), p. 3.
7. Gerald Mann, *When the Bad Times Are Over for Good* (Brentwood, Tenn.: Wolgemuth & Hyatt, 1992), p. 168, adaptado.
8. Ibid.
9. Ibid., p. 169.
10. John Killinger, *For God's Sake —Be Human* (Waco, Tex.: Word, 1970), p. 147, citado en Richard Exley, *The Rhythm of Life* (Tulsa: Honor Books, 1987), p. 108. Usado con permiso.
11. H. Norman Wright, *Recovering from the Losses of Life* (Tarrytown, N.Y.: Revell, 1991), pp. 128-38, adaptado.
12. R. Scott Sullender, *Losses in Later Life* (New York: Integration Books\Paulist Press, 1989), pp. 142-43.
13. Carta reimpresa con permiso de Sherrie Eldridge, Indianapolis, Indiana. Citada de Robert Munsch, *Love You Forever* (Willowdale, Ont., Can.: Firefly Books, 1986), pp. 1, 23.

Trabajo Lidia
234 2965
847